BOUW JE EIGEN GELDMACHINE

In 7 stappen

binnen 10 jaar

een lachende miljonair!

BOUW JE EIGEN GELDMACHINE

In 7 stappen binnen 10 jaar een lachende miljonair

Dick de Nijs

Amersfoort – Maastricht
Onderdeel van de Nijs Finance

Uitgave 1e druk 2020

Voor het eerst gepubliceerd in Nederland door Beleg Simpel, 2020
Beleg Simpel is onderdeel van de Nijs Finance

www.belegsimpel.nl

Beleg Simpel, Amersfoort

ISBN: 9789403605852

Illustraties en omslagontwerp door Dick de Nijs
Redactie door Danielle de Nijs – van der Heiden

Voor Gijs en Charlotte

Mogen jullie nooit genoegen nemen met minder dan
jullie kunnen zijn, doen, delen en geven

Bouw je eigen geldmachine!

BOUW JE EIGEN GELDMACHINE!

Voorwoord

Je hebt geld, maar het doet niets. En iedereen vertelt je dat je moet gaan beleggen of het vastgoed in moet gaan. Je wil wel, maar je weet niet hoe? Hoe zorg je er nou voor dat dat geld voor jou gaat werken en niet andersom? En de beurs… dat is toch hartstikke eng? Je kunt alles verliezen! Toch? Nou, alleen als je niet weet wat je aan het doen bent.

Dit boek is geschreven als een introductie om je te laten zien hoe je je geld op een eenvoudige manier voor je kunt laten werken door je vermogen te laten groeien met het investeren in aandelen en je inkomen te laten groeien door te investeren in verhuurd vastgoed. Je hoeft geen accountant of belastingadviseur te zijn om dit te begrijpen. Het enige wat je nodig hebt is de lef en de moed om in actie te komen en de wil om te begrijpen hoe je het denkmodel van slim aflossen steeds beter kan toepassen.

Je zult erachter komen dat er niet veel nodig is om miljonair te worden. Het belangrijkste aspect is het gewoon gaan doen. De rest leer je wel tijdens de rit. Focus? Ja hoor, dat komt wel, na de eerste paar missers. Maak je geen zorgen. Gewoon beginnen, in beweging komen en in beweging blijven. Dat is de enige sleutel tot succes die je hoeft te begrijpen. Hoe meer tijd je jezelf geeft, hoe minder geld je nodig hebt om miljonair te zijn. Het is nooit te laat om te beginnen, maar hoe later je begint hoe slimmer je het moet aanpakken. En mijn SLIM AFLOSSEN stappenplan geeft je de snelheid van denken om je doelen een stuk sneller te bereiken.

> *"Risk comes from not knowing what you are doing"* – Warren Buffett

Op het moment van schrijven ben ik zelf de veertig alweer voorbij.
Vrouw, kinderen, huisje, boompje, beestje alles erop en eraan. Ik
kan wel zeggen dat ik mijn zaakjes goed op orde heb. Ik kwam er na
mijn 35e achter dat een groot deel van de mensen met wie ik werkte
moeite had om de eindjes bij elkaar te knopen. En ik begreep in
eerste instantie niet helemaal waarom. Iedereen bewandelt toch min
of meer hetzelfde studiepad?

Het werd mij duidelijk dat veel mensen wel een papiertje hebben,
maar zichzelf niet daadwerkelijk scholing gegund hebben. Tijdens
de studie, en het maakt niet uit of dat MBO, HBO of WO is geweest,
is het gros van de studerenden met maar één ding bezig: zorgen dat
ze het tentamen halen. Het daadwerkelijk begrijpen van de stof is
van ondergeschikt belang.

Leuk dat je een tien had op je tentamen en je opleiding binnen 4
jaar af had, maar als de stof niet blijft hangen in je hoofd, wat heb je
er dan aan? Hoe anders is dat als je daadwerkelijk wilt leren hoe
iets werkt, wanneer je de pijn in je portemonnee voelt op het
moment dat je beseft dat je iets echt nog niet begrijpt of kunt. Alle
kennis die je aangereikt krijgt, zuig je dan op als een droge spons in
een emmer water. En het zal je een zorg zijn hoe lang het duurt
voor je het begrijpt, want jij weet dat als het kwartje eenmaal valt,
het geld naar je toe rolt én blijft rollen.

En ik weet al één ding over jou; jij wil de kennis die ik je ga aanreiken

OPZUIGEN ALS EEN DROGE SPONS IN EMMER WATER!

Deel 1 INZICHT

Rijkdom is de uitkomst van consistent gedrag, armoede ook

Het ultieme doel van investeren is het opbouwen van inkomen, niet persé het verhogen van je vermogen. Daarom is het niet nodig om vermogend te zijn om wel financieel vrij te zijn. Je uitgavenpatroon bepaalt je inkomensbehoefte. En inkomen is datgene waarmee jij iedere maand je rekeningen betaalt. De geldstromen die iedere maand je portemonnee in en uit gaan, bepalen hoe vrij je bent. Komt er minder binnen dan eruit gaat, dan ben je niet vrij. Komt er meer binnen dan eruit gaat, dan ben je op weg naar rijkdom. Om echt vrij te worden is het de kunst om het geld dat iedere maand binnenkomt, binnen te laten komen zonder dat jij daar actief voor hoeft te werken. Als je dat kan bereiken, dan ben je financieel vrij en kun je in wezen doen en laten wat je wil.

Financiële vrijheid is dan ook slechts een maatstaf van hoe makkelijk je je rekeningen kan betalen van geld dat iedere maand binnenkomt, maar waarvoor jij geen of nauwelijks werk hoeft te verrichten. Hoe meer rekeningen je kan betalen van geld waarvoor je niet actief hoeft te werken, hoe hoger je gevoel van financiële vrijheid is.

<u>In formule vorm voor de whizzkids onder ons:</u>

**100% VAN JE REKENINGEN BETALEN GEDEELD DOOR 0%
ARBEID = ONEINDIG GEVOEL VAN VRIJHEID** (100%/0% = ∞)

Stel, je kunt 100% van je rekeningen betalen door maar 50% van je
tijd te werken, dan heb je overwegend een 2 keer rijker gevoel dan
iemand die 100% van zijn tijd moet werken om zijn rekeningen te
betalen. Kijk maar: 100%/50% = 2. Werk je nog maar 10% van je tijd
om je rekeningen te betalen? Nou, dan heb je een 10 keer rijker
gevoel. Kijk maar: 100%/10% = 10. En werk je helemaal niet meer
om je rekening te hoeven betalen, dan heb je een oneindig rijk
gevoel. Kijk maar op je rekenmachine: 100%/0% = ∞.

Ik ga je net als alle andere mensen die financieel onafhankelijk zijn,
vertellen dat je in ETF's en aandelen moet stappen om je
startvermogen te verhogen. En dat je in vastgoed moet stappen om
je inkomen blijvend te borgen. Ik ga je niet alleen vertellen DAT je
het moet gaan doen, maar ik ga je ook precies vertellen HOE je dat
moet doen en WELK resultaat je mag verwachten.

Is het makkelijk te begrijpen? Ja, het is makkelijk te begrijpen. Is het
makkelijk om te doen? Ja, het is makkelijk om te doen. Iedereen kan
het. Waarom doet dan niet iedereen het, als het zo makkelijk is?
Echt GEEN IDEE.

Er zijn in Nederland zo'n 7,7 miljoen huishoudens en 1,2 miljoen
daarvan beleggen in enige vorm. Dat is dus een goede 15% van
Nederland. Volgens het Nederlands Centraal Bureau van de
Statistiek (CBS) is tenminste 1,5 vriend in je netwerk aan het
beleggen. Als jij niemand kent die belegt, is het misschien tijd je
netwerk uit te breiden.

De 15% van de Nederlandse huishoudens die in enige vorm
beleggen zijn overwegend financieel onafhankelijk. En daarvoor
hebben ze allemaal dezelfde succesformule gehanteerd, namelijk;

Verhoog je vermogen met beleggen in aandelen en verdrievoudig dat vermogen door een slimme hefboomfinanciering. Koop vervolgens met je vermogen én de verworven financiering slimme bezittingen die geld genereren waarvoor je zelf nauwelijks hoeft te werken. Herhaal totdat je rekeningen kan betalen zonder dat je ervoor hoeft te werken.

Hoewel er veel combinaties zijn die deze simpele strategie kunnen laten werken, wordt financiële vrijheid het snelst behaald met de combinatie van investeren in bedrijven (aandelen) en het aankopen van vastgoed voor verhuur. Mensen zijn echter achterdochtig en geloven de resultaten niet. Sommige mensen verwarren investeren namelijk met speculanten die gewoon geluk hadden omdat ze de loterij gewonnen hebben of omdat ze voor de "cryptogolf" zaten. En dan zijn er nog de mensen die niet het geduld hebben om op resultaten te wachten. Die proberen het één keer en zeggen na een week; "zie je wel, het werkt niet." Houden er vervolgens mee op en zeggen tegen iedereen die wil starten: "mij is het niet gelukt, dus jou ook niet." En saboteren dan meteen iedere poging die jij doet. En zodra het je wel lukt, zijn ze stik jaloers en blijven ze saboteren. Want ze willen dat je faalt. Ze willen niet dat jij hen eigenlijk dwingt om zichzelf als FALERS te zien. Want, jou lukt het wel. Dus zij hebben gefaald. En nooit andersom. Mijn tip als je dit soort mensen in je omgeving hebt: NEGEREN.

Laat me je alvast uit de droom helpen; snel rijk worden bestaat niet. Rijk worden door niets te doen bestaat ook niet. Maar rijk worden door steeds hetzelfde te doen volgens een bewezen succesformule gedurende een langere tijd… kijk… dat bestaat wel. Mensen overschatten vaak wat ze in één jaar kunnen bereiken en onderschatten wat ze in tien jaar kunnen bereiken. Denk dus in tientallen jaren en niet in tientallen maanden of dagen.

10-10 Regel

Ik ga in al mijn investeringen tenminste uit van een 10-jaars horizon.
En laten we afspreken dat jij dat ook doet. Ben jij dan diegene die
misschien in één jaar toch een miljoen op de bank heeft. Nou, dat
zou best wel eens kunnen. Het is niet onmogelijk. Ik ga er alleen
niet standaard van uit. Ik mik op 10 jaar en alles wat eerder is, is
mooi meegenomen.

> *"People overestimate what can be done in one
> year, and underestimate what can be done in
> ten."* – Bill Gates

Het mooie van investeren is dat je nooit uitgeleerd raakt. Net als
eigenlijk alle vaardigheden, bestaat de basis uit een set van een
paar simpele concepten. Het meesterschap zit in het begrijpen en
toepassen van de juiste combinatie op het juiste moment. Neem
bijvoorbeeld de vechtsport Krav Maga of Wing Chun. Degenen die
meesterschap bereikt hebben, laten korte en krachtige bewegingen
zien en lijken telkens nieuwe bewegingen te ontdekken. Maar dat is
niet zo. De basis van beide sporten bestaat maar uit drie
bewegingen. Die paar bewegingen worden echter door een echte
meester volledig begrepen en in de juiste combinatie op het juiste
moment toegepast.
Het inzetten van een halve beweging kan lijken op een volledig
nieuwe, maar dat is het niet. Het is gewoon een groter inzicht en
begrip van de beweging die hen de mogelijkheid geeft om de
beweging effectiever in te zetten.

Maar er is nog iets wat veel mensen over het hoofd zien. Deze
meesters waren bereid en welwillend om tenminste een deel van
hun leven te wijden aan het meester maken van slechts één enkele
vaardigheid. En dat geldt eigenlijk voor alle vaardigheden. Wil je
ergens succesvol in zijn of wil je iets doorgronden, dan zul je er tijd
aan moeten besteden. Zo ook aan beleggen. Om succesvol te zijn

in beleggen, zul je er tijd aan moeten besteden. Aan onderzoek, aan lezen, aan oefenen en aan reflecteren. Soms zul je de diepte in moeten in hoe een bedrijf of een sector in elkaar steekt om te kunnen bepalen hoeveel een bedrijf of aandeel waard is en tegen welke prijs je dat bedrijf of aandeel zou moeten willen kopen óf verkopen.

Dus hoe weet je nou of je ergens aandacht aan moet besteden of niet? Warren Buffet, één van de meest bekendste beleggers ter wereld, heeft een simpel antwoord op de vraag hoe je je tijd moet besteden om iets te willen leren of te willen begrijpen. Telkens wanneer hij niet weet of hij ergens mee door moet gaan stelt hij zich deze drie vragen:

1. Hoe zal ik me voelen na 10 minuten?
2. Hoe zal ik me voelen na 10 maanden?
3. Hoe zal ik me voelen na 10 jaar?

Door deze drie vragen aan zichzelf te stellen krijgt hij een beter beeld van de gevolgen van de beslissingen. Wanneer jij deze regel ook toepast, dan zal je zien dat je brein het steeds makkelijker vindt om in te schatten of je ergens wel of geen tijd aan moet besteden.

Heel simpel: als je niet van plan bent om een bedrijf, een pand een aandeel of een relatie tenminste 10 jaar vast te willen houden, besteedt er dan ook geen 10 minuten aan. Dit is zijn befaamde 10-10 regel. Eentje om te onthouden, want het helpt om snel de bijzaken van de hoofdzaken te scheiden. In ieder geval de zaken die JIJ voor JEZELF bestempelt als hoofd- en bijzaak.

Ontwikkel vaardigheid

Nu lijkt het misschien of ik veel aan vechtsporten doe. Nee hoor, dat is niet zo. Maar ik kijk wel veel films en lees veel boeken. Daar heb je namelijk alle tijd voor als je financieel onafhankelijk bent. En het eerste wat je leert, is dat je het beste leert door anderen te leren wat jij hebt geleerd. Waarom? Omdat dat je dwingt beter over de stof na te denken voordat je je kennis de wereld in slingert. Niets is beter voor het kritisch denken dan een groep mensen die jouw gedachten aanvecht en je dwingt tot het overdenken van je standpunten.

Om die reden ben ik trainingen gaan geven aan mijn eigen teams, afdelingen en familieleden in hoe je geld op de meest simpele manier voor je kan laten werken. En heb ik al veel mensen geholpen naar een betere financiële gezondheid. Zodat ze niet van loonstrook naar loonstrook hoeven te leven en niet meer bij de baas hoeven bedelen om een loonsverhoging. Loonsverhoging durven vragen is op zichzelf een nuttige eigenschap, maar beter is het om je waarde te vergroten. Zodat je ook echt NEE kan zeggen tegen marginale loonsverhogingen.

Over de waarde van NEE zeggen, met name tegen jezelf, ga ik in Stap 3 van mijn SLIM Aflossen methodiek dieper in. En misschien zeg je daarna ook wel met meer plezier vaker nee. Nee tegen onnodige spullen kopen, maar vooral nee tegen harder werken voor geld. Want dat is het meest idiote wat je kan doen. Je zou niet harder gaan moeten werken voor je geld. Jouw geld moet harder gaan werken voor jou. En hoe harder het werkt voor jou, hoe harder jij kan werken aan iets waar je blij van wordt. En, begrijp me niet verkeerd, dat kan ook gewoon je huidige baan zijn. Maar werken mét een baas voor het plezier van de voldoening en werken vóór een baas om geld te krijgen, zijn echt wel twee verschillende dingen. Verwar dat niet met elkaar.

Mijn suggestie is om echt je waarde te vergoten voor een baas: wordt de beste in een vaardigheid. Wordt een specialist in iets wat je leuk vindt of nu al goed kan. Want, simpel gezegd, het grote geld gaat altijd naar de specialist. En vergis je niet. Specialisten zijn er in alle vakgebieden. Van putjesschepper tot neurochirurg. Het kan altijd beter, sneller en voor meer geld. Voor degenen die willen weten wat dan precies een specialist een hoogbetaalde specialist maakt: je kan iets SNELLER dan de rest met DEZELFDE kwaliteit. In formulevorm;

K(waliteit) x S(nelheid) = G(roei in geld)

Dus als van twee mensen de kwaliteit hetzelfde is, dan groeit degene die de kwaliteit het snelst kan leveren harder. Een voorbeeld. Twee timmermannen kunnen even goed timmeren. Timmerman 1 doet de klus in 10 uur en krijgt daar €500 voor. Timmerman 2 kan diezelfde klus in 2 uur uitvoeren. Het uitgangspunt voor Timmerman 1 = GOEDE kwaliteit x 10 uur = €500. Timmerman 2 heeft echter twee opties om sneller te groeien, omdat hij minder tijd kwijt is voor het leveren van dezelfde kwaliteit, namelijk;

1. Timmerman 2 = GOEDE kwaliteit x 2 uur = €500. Timmerman 2 kan nu kiezen om dit 5 x te herhalen in diezelfde 10 uur. Oftewel, Timmerman 2 = GOED x 2 uur = €500 x 5 keer doen bij zelfde soort klanten = €2.500. Is 5 keer meer verdienen dan Timmerman 1.

2. ÓF Timmerman 2 kan de extra tijd benutten om zijn klant eens goed te bevragen hoeveel het de klant oplevert als hij het in 2 uur kan afronden. De klant zegt: *"Oeh, als jij het in 2 uur kan, dan hoef ik geen 2 dagen te wachten om mijn eigen klanten te bedienen. Dat levert mij €5.000 op!"* Timmerman 2 vraagt wat het hem waard is, als hij de klus in 2 uur kan uitvoeren. Nou zegt de klant: *"dat is mij €2.500 waard"*. De formule voor timmerman 2 wijzigt opeens in: Timmerman 2 = GOED x 2 uur = €2.500. En dat kan hij dan nog 5 keer doen = €2.500 x 5 zelfde soort klanten = €12.500.

Hoppa! Door het sneller leveren van dezelfde kwaliteit groeit zijn geld in dit voorbeeld niet met een factor 5 maar een factor 25. Hij

verdient nu 25 keer zoveel als Timmerman 1, omdat hij simpelweg
dezelfde kwaliteit in een kortere tijd kan leveren.

**Exponentiële groei van inkomen bij gelijke kwaliteit zit dan ook
verborgen in SNELHEID of met andere woorden in TIJD!**

Nu vragen jullie je misschien af wat de resultaten waren van de
trainingen die ik heb gegeven. Zijn de mensen die ik getraind heb nu
miljonair? Degenen die mijn adviezen opgevolgd hebben, hebben in
ieder geval allemaal één ding gemeen; geld is niet meer hun
belangrijkste zorg.

Want je gaat leren dat je geen miljoen op de bank hoeft te hebben
om financieel onafhankelijk te zijn. Maar sterker nog, je wil alleen
miljonair zijn als dat goed is voor je portemonnee. In stap 5 lees je
waarom. En ja, om jullie nieuwsgierigheid te bevredigen, er zijn er al
een paar miljonair geworden binnen 10 jaar.

Wat is rijkdom voor jou?

Dit is misschien wel de enige vraag die je je echt moet stellen. Als ik
je vraag wat rijk zijn betekent voor jou? Wat luxe betekent voor jou?
Of vrijheid? Doe je ogen dicht en neem er eens vijf minuten de tijd
voor.

Dikke kans dat jij er een heel andere definitie op na houdt dan ik, je
partner, je vader, je moeder, je zoon, je dochter, je buurman of je
beste vriend of vriendin. En dat is heel logisch. Want iedereen wordt
blij van andere dingen. En weet je wat nou zo grappig is. Het maakt
helemaal niet uit waar je in de toekomst allemaal blij van wordt. Je
zou het waarschijnlijk niet eens concreet kunnen benoemen. Maar
wat je wel weet, is hoeveel je huidige leven nu kost. Kijk maar naar
je bankboekje. Daar zie je precies hoeveel geld je uitgeeft en
waaraan. Van sommige dingen word je blij en van andere dingen
denk je… Auw. Sommige uitgaven wil je niet doen, maar moet je
wel doen. Die doen pijn in je portemonnee. Dus laten we daar
beginnen met onze definitie van rijk zijn. Weg van de pijn!

Stel je eens voor dat alle vaste lasten die je iedere maand betaalt, betaald zouden worden door iemand anders? WHOOOAAA. Dat zou lekker zijn. En stel je nou eens voor dat al je luxe uitgaven ook betaald worden door iemand anders? Whohohohooo! Dat zou helemaal lekker zijn. Dan is al het geld dat op andere manieren binnen komt gewoon voor jou. Om ermee te doen en laten wat je wilt. Voelt dat niet als rijk? Als dat je aanspreekt, dan ben je klaar voor het begrip relatieve rijkdom.

RELATIEVE rijkdom. Laat dat maar even op je inwerken. Het is niet hetzelfde als absolute rijkdom. Absolute rijkdom is als je bijvoorbeeld €100.000 op de bank hebt staan én je dat tegelijkertijd veel geld vindt. Want, voor sommige mensen is dit nauwelijks een getal achter de komma. Voor die mensen dekt het misschien net een halve maand uitgaven. Relatieve rijkdom betekent niets anders dan dat de uitgaven die jij nodig hebt om comfortabel te leven op jouw voorwaarden, volledig gedekt worden uit inkomsten anders dan je loon. Dus als je het prima vindt om gewoon een leuk huis te hebben, te chillen op de bank met Netflix, af en toe wat te crossfitten om gezond te blijven en zo nu en dan het café in te duiken met je beste vrienden of vriendinnen. Nou, dan heb je waarschijnlijk aan zo'n €2.000 netto per maand genoeg. Wil je daarentegen in een Lamborghini door de PC Hooftstraat in Amsterdam rijden, de duurste kleren kopen en iedere dag uit eten in de beste restaurants, dan is €100.000 per maand misschien nog te weinig. Want tsja, de kosten voor het maandelijkse uitdeuken van de drempelschade in je Lambo zullen niet mals zijn.

Het is helemaal aan jezelf wat je prettig vindt. Maar ik weet vrij zeker dat die laatste categorie mensen geen zier geeft om absolute rijkdom. Zij omarmen de mindset van relatieve rijkdom. Omdat ze weten dat hun uitgaven gedekt worden door inkomsten uit slimme investeringen en ze tevreden zijn met waar ze hun geld aan uitgeven. Voor hen is geld een middel om te leven en geen doel. Uiteraard groeit hun luxe mee met de groei van de inkomsten uit die investeringen. Laten we wel wezen, de menselijke natuur is niet snel tevreden. En voor degenen die weten hoe het werkt hoeft dat ook niet. Hun geldmachine staat aan! Laten we die van jou ook aan gaan zetten.

De Happy Exit Formule

Pak je bankboekje erbij en reken mee. We gaan jouw persoonlijke **DOELGETAL** uitrekenen met de <u>happy exit formule!</u>

Om relatief rijk te zijn, of financieel vrij, of hoe je het ook wilt noemen, moeten tenminste je vaste lasten gedekt zijn door inkomsten uit andere zaken dan uit je loon. Pak je bankboek erbij en reken uit wat het gemiddelde van je uitgaven van de laatste 3 maanden is of nog beter de laatste 12 maanden. Heb je dat? Noteer hieronder je gemiddelde maandelijkse lasten.

GEM. MAANDELIJKSE LASTEN: €

Ok, dan maken we er nu gemiddelde lasten per jaar van:

MAANDELIJKSE LASTEN x 12 = €

Als je het slim aanpakt, dan groeien beleggingen historisch gezien zo'n 10% per jaar en keren ze daarnaast ook nog eens 5% tot 10% dividend per jaar uit. Maar goed, we blijven voorzichtig en rekenen met een dividenduitkering van 4%. Dat is een factor 25 (100/4). Dus volgende stap x 25. En dan heb je berekend wat de benodigde zak geld is in dividend betalende beleggingen om maandelijks je lasten op te vangen.

JAARLASTEN x 25 = **DOELGETAL** €

Valt mee hè? Misschien wel hoog, maar waarschijnlijk veel lager dan je eigenlijk verwacht had. Toch? En stel nou dat je ondernemer bent, met een leuk lopend bedrijf dat ook blijft bestaan als jij er niet bent. Nou dan kun je er nog een stap aan toevoegen. Namelijk delen door factor 5. Dat is namelijk de gemiddelde factor (3 tot 8) die professionele investeerders bereid zijn te bepalen over je nettowinst om je onderneming over te nemen. Indien je tenminste 3 jaar die winst of meer draait. De overname som die jij ontvangt, zet je dan weer om in dividend uitkerende beleggingen.

DOELGETAL / 5 =   €

Valt helemaal mee hè. Misschien ben je nu ondernemer en besef je nu opeens dat als je vandaag de boel verkoopt en slim belegt in dividend uitkerende aandelen of fondsen dat je morgen volledig financieel onafhankelijk bent. Of misschien heb je nu een mooi doel om te bereiken. Het is aan jou.

Samenvattend:
- Voor mensen in loondienst:
  - € Lasten per maand x 12 x 25 (4%) = € DOELGETAL LOONDIENST
- Voor ondernemers die een bedrijf kunnen verkopen:
  - € Lasten per maand x 12 x 25 (4%)/ 5 = € DOELGETAL ONDERNEMERS

Toen mijn jongere zelf deze berekening maakte was de uitkomst toch een behoorlijk absoluut bedrag. En eigenlijk is dat voor iedereen in iedere levensfase zo wanneer je dit voor de eerste keer ziet. Want hoe ouder je wordt, hoe meer comfort of verplichtingen je hebt opgebouwd. Hoe hoger je uitgaven zijn, hoe hoger je beoogd doelbedrag wordt. Het lijkt in eerste instantie misschien onmogelijk om te bereiken. Maar wees gerust. Het is niet onmogelijk. Velen gingen je al voor. En jij kan het ook! Je weet alleen nog niet hoe.

EN-EN Denken

Dat is meteen de andere mindset die je nodig hebt. EN-EN denken. Er bestaat geen OF. Er is alleen maar EN-EN. Wat dat inhoudt, ga je vanzelf ontdekken. Want nu ben je je ervan bewust. Een leuke anekdote is wellicht één van mij persoonlijk. Mijn zoon wilde een hond én een nieuwe Playstation 4 PRO. Maar er zat onvoldoende geld in het spaarvarken. En misschien herken je dit, dat je zelf ook vaak voor een keuze gezet wordt waarbij je moet kiezen uit twee dingen die je allebei wil hebben. Maar ja, je hebt geleerd dat je moet kiezen. Het kan niet allebei. NEE. DAT IS NIET ZO! Dat kan wel. Je hebt alleen nog geen goede manier gevonden.

Hoe loste mijn zoon dit keuzedilemma op? Hij bedacht wat hij leuk vond aan een hond. Eigenlijk vond hij het wandelen en spelen leuk. De rest wat erbij komt kijken niet. En een beetje goeie Playstation kost €499 en per spel moet je ook behoorlijk betalen. Dus hoe kon hij het allebei krijgen? Binnen een korte termijn? Simpel. Door eerst even goed na te denken en te sparren met zijn ouders over waar het plezier precies zit. En dat zat dus bij wandelen en spelen. Wandelen en spelen kost geen geld. Maar er zijn een heleboel mensen die een hond hebben, maar hulp nodig hebben met wandelen. Sterker nog, waaraan andere mensen veel geld betalen.

Na dit inzicht vroeg hij of hij de hond van de buren kon uitlaten tegen een vergoeding. En wat waren ze blij met het aanbod. En hij ook. Nu had hij niet alleen wat hij wilde (iedere week lekker wandelen en spelen met een hond), maar kreeg ook nog geld toe om daar zijn Playstation van te kunnen kopen. Binnen 3 maanden had hij hem. Gewoon door te doen wat hij leuk vond én focus te houden op het doel. En vanaf dat punt genoot hij van twee dingen die hij helemaal gaaf vond. Wat hem motiveerde was heel simpel. Een duidelijke focus op wat hij wil met het geld en geen NEE accepteren. Want, tsja, een NEE is niets anders dan een uitgestelde JA met een simpele impliciete vraag: **HOE KAN HET WEL?**

Prent deze vraag in je geheugen en stel hem hardop aan jezelf iedere keer dat je het gevoel hebt dat je een keuze moet maken uit twee of meer dingen die je wilt hebben. Je zult zien dat je vanzelf creatief wordt. Net als mijn zoon.

En tussen neus en lippen door: zoek mentoren! Omring je zelf met zoveel mogelijk mensen met dezelfde 'het kan wel' mindset. Want met wie denk je dat mijn zoon heeft gespard? Juist, met zijn belangrijkste mentoren: zijn ouders. En bij ons kan altijd ALLES! We moeten vaak alleen even uitzoeken HOE.

Dus nummer 1 advies: omring jezelf met mensen die je stimuleren om na te denken. Die kritisch blijven op je denkwijze en je simpelweg vragen wanneer je het niet meer weet: "Als je het wel wist, of wel zou kunnen, hoe zou je het dan doen?"

Zet de GELDMACHINE maar aan!

Al overtuigd dat ook jij het kan? Maar je denkt nu toch: HOE DAN? Mooi. Je hebt zojuist een hele belangrijke mindset mijlpaal bereikt. Sta er even bij stil. Vier een klein feestje in jezelf. *"JEEEJ!!. Ik kan het ook!"*
Nu we voorbij de mindset horde zijn, kunnen we door met het '**HOE DAN**'. Weet je nog dat je uitgerekend hebt wat je doelgetal is? Dat kan een behoorlijk bedrag in absolute zin zijn. En we willen er niet ons hele leven over doen om daar te komen toch? Dat hoeft gelukkig niet. Ik ga jullie uitleggen hoe je een geldmachine bouwt die er geen 30 jaar over doet om geld te genereren. In het kort bestaat een geldmachine uit maar 5 simpele stappen:

1. Je zet iedere maand een deel van je loon opzij, bij voorkeur tenminste 10%;
2. Je gebruikt die 10% om bezittingen te kopen die zelf geld genereren, bij voorkeur bedrijven (aandelen) en vastgoed;
3. Tenminste 10% van het geld dat uit die bezittingen komt, herinvesteer je weer in nieuwe bedrijven (aandelen) en vastgoed;
4. Je gaat net zo lang door met herinvesteren totdat de netto-inkomsten (de cashflow) uit investeringen even hoog of hoger zijn dan je uitgaven.
5. HERHAAL TOT JE RIJK BENT.

Let op; ik zeg dus niet dat je minder moet gaan uitgeven. Dat is helemaal niet nodig. We gaan ons geld wel verstandiger uitgeven. En nog beter, we gaan slim aflossen. Jawel, **SLIM AFLOSSEN**. Hee? Maar dat is toch geen investeren? Jawel. Dat is het wel. Ik zal het jullie uitleggen.

Het aflossen van schulden is voor de meeste mensen de snelste en meest simpele denkwijze om te beginnen met het bouwen van een geldmachine. En waarom is dat zo? Nou, heel simpel. Van jongs af aan zijn de meesten van ons op school en door onze ouders ingeprent;

"leer een vak, zoek een baan, koop een huis en los je schulden af."

Nou, waar in dit rijtje zie jij het woord 'INVESTEREN' staan? Nergens toch? Het is daarom voor de meesten van ons veel makkelijker om te denken in <u>slim aflossen</u> dan in <u>slim investeren</u>. Dat het eigenlijk hetzelfde is, beseffen veel mensen zich niet. Geloof je het niet? Let op, met een paar kleine aanpassingen lees je de zin heel anders:

"Investeer in jezelf (**leer een vak**), investeer in bedrijven (**zoek een baan**), investeer in vastgoed (**koop een huis**) en leen fiscaal vriendelijk (**los je schulden af**)."

Grappig hè? Je ouders en leraren hebben je eigenlijk een topadvies gegeven. Ze hebben alleen de verkeerde woorden gebruikt. Waardoor jij mogelijk de verkeerde focus hebt en je geldmachine nu niet aan, maar volledig uit staat.

> *"Investeer in jezelf, investeer in bedrijven, investeer in vastgoed en leen fiscaal vriendelijk"* –
> *Beleg Simpel*

Wanneer je dit leest bestaat er een kans dat je op dit moment schulden hebt opgebouwd die je iedere maand geld kosten. En over die schulden betaal je rente. Met name schulden die je niet voor je studie of huis hebt gemaakt kunnen behoorlijk snel in de papieren lopen. Veel kredietverstrekkers rekenen met 5 tot soms wel 20% rente voor kredietfinancieringen. Een simpel voorbeeld is bijvoorbeeld je krediet voor je auto. Op het moment van schrijven toch al snel rond de 7%. Laten we daar nou eens bewuster mee om gaan en die schulden in de juiste volgorde aflossen. Dan heb je de eerste euro's per maand al snel gewonnen. Het aflossen van je schulden in kredietfinancieringen hoeft niet meteen de eerste stap te zijn, maar het zou wel je eerste korte termijn doel moeten zijn.

Slim aflossen in 7 stappen

Investeer in jezelf (**leer een vak**), investeer in bedrijven (**zoek een baan**), investeer in vastgoed (**koop een huis**) en leen fiscaal vriendelijk (**los je schulden af**). Laten we deze zin eens concreter maken en in de juiste volgorde plaatsen. Zodat jij snel je geldmachine op een bewuste manier kan gaan bouwen:

1. Investeer in jezelf (leer een vak; vergroot je kennis en vaardigheden)
2. Investeer in bedrijven (zoek een baan en koop aandelen)
3. Los consumptief krediet af (los dure schulden af en geef het geld aan jezelf)
4. Investeer in een eigen woning (koop een huis en bouw overwaarde op)
5. Investeer in vastgoed voor verhuur (koop nog meer huizen en bouw cashflow op)
6. Los schulden van vastgoed voor verhuur af (los fiscaal slim schulden af)
7. Los je hypotheekschuld op de eigen woning af (los schulden zonder inkomen af)

Ok, wat staat hier nou? En hoe draagt dit bij aan je geldmachine? Dat ga ik je in de komende hoofdstukken per stap uitleggen. Pak je rekenmachine erbij, hou liniaal en markeerstiften gereed. Daar gaan we!

SLIM AFLOSSEN Stap 1: investeer in jezelf

Weten is blijven doen

Investeer in jezelf. Vergroot je kennis en vaardigheden over hoe geld werkt. Dit is belangrijk. Niet omdat je het niet zonder kunt. Nee hoor. Kennis is niet nodig om je geldmachine aan te zetten. Dat kan gerust zonder kennis. Sterker nog, dat doe je al. Je staat namelijk iedere maand braaf een deel van je loon af aan je werkgever, zodat deze het in een pensioenfonds kan stoppen. Zodat jij, straks op je 65e, oh nee 67e, oh wacht, 70e of… 75e… van je pensioen kan gaan genieten.

Ik weet niet hoe jij er over denkt, maar ik ga daar niet op zitten wachten. Ik wil mijn geld graag zelf aan het werk kunnen zetten. En ruim voor mijn 65e kunnen zeggen; "Je bent een oen als je wacht op je pensioen!" Maar, goed. Als je dan eigenlijk geen kennis nodig hebt om te beginnen, waarom moet je dan wel kennis opbouwen?

Simpel: om de geldmachine strategie ook vol te houden. Want als je niet weet waar je het voor doet en hoe het voor je werkt, dan blijf je het niet doen. Zo simpel is het gewoon. En de geldmachine gaat alleen voor je werken als je het iedere maand, ieder jaar blijft doen. Totdat je je doel bereikt hebt. En dan nog een beetje.

Verlies geen geld

Consistentie is het sleutelwoord. Periodiek investeren op een consistente manier. En in het begin betekent dat gewoon iedere maand braaf geld opzijzetten, braaf je dure schulden aflossen, braaf je noodfonds bouwen en tenslotte braaf investeren.

Maar eerst je noodfonds. Wat is dat eigenlijk? Een noodfonds. Nou ja, het klinkt ernstiger dan het is. Het is een kleine buffer die je kan aanspreken als je een keer echt omhoog zit voor geld. Het NIBUD raadt aan om tenminste 3 maanden aan vaste lasten als liquide buffer aan te houden in je spaar-, betaal- of beleggersrekening. Dat is geen slecht advies. Is het echt nodig? Dat ligt aan je eigen situatie. Maar laten we wel wezen, als je geld in beleggingen zit en niet in stenen dan is je geld liquide. Het is alleen zonde als je moet verkopen wanneer het niet uitkomt en je naast je nooduitgave dan ook nog eens verlies moet maken op je investeringen in aandelen of vastgoed. Dat druist in tegen de belangrijkste regel in beleggersland: Verlies geen geld!

> *"Rule 1: Never lose money.*
> *Rule 2: Never forget rule 1" – Warren Buffett*

Wat is nou een praktische manier om verschillende potjes te creëren, zodat je weet dat je 'safe' zit om te starten met beleggen? Een praktische manier is om bij je bank een virtueel 'spaarpotje' te maken in je spaarrekening dat je simpelweg: noodfonds noemt. Bereken hoeveel 3 x je maandelijkse last is en vul dat potje maandelijks aan tot dat potje vol is. Pas als het vol is ga je nadenken over beleggen. Om het praktisch te houden, neem gewoon 3 x je hypotheeklast of huurlast. Dan zit je in 80% van de bijzondere gevallen dat je het echt nodig hebt 'safe'.

Er zijn mensen die het helemaal willen automatiseren en niet iedere maand willen nadenken over hoe ze het geld verdelen. Die simpelweg willen weten; zeg maar gewoon hoe ik mijn geld moet verdelen, hoeveel ik iedere maand moet beleggen en hoeveel ik iedere maand mag uitgeven. Ok, dat kan. Ikzelf vind het niet zo'n slimme actie om gewoon te doen wat iemand anders zegt, maar ik snap heus wel dat het handiger is als iemand je gewoon vertelt wat je moet doen om die eerste stap te maken zodat je kan beginnen met geld écht voor je te laten werken. Vooruit dan, bij deze een stroomschema hoe je je huidige maandelijkse inkomen kan indelen. Zodat je binnen een korte tijd weet hoeveel jij veilig kan uitgeven aan investeringen.

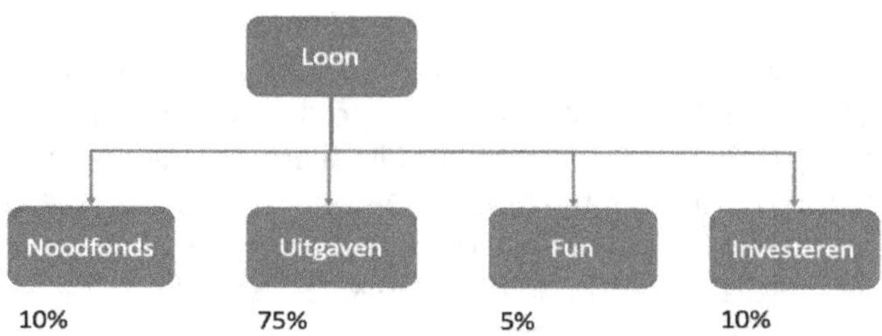

Afbeelding: verdeling van inkomen om te beginnen met investeren

In wezen komt het erop neer: Spendeer maximaal 80% van je maandelijks inkomen aan uitgaven voor leefcomfort, gebruik 10% om een 'noodfonds spaarpotje' op te bouwen en gebruik 10% van je maandelijks inkomen om te starten met investeren. Zodra je noodfonds geregeld is, kun je die 10% óf toevoegen aan je leefcomfort óf toevoegen aan je investeringen. Aan jou de keuze. Je kunt dit overigens geheel automatisch instellen. Vrijwel iedere bank ter wereld geeft je de mogelijkheid tot het instellen van periodieke overboekingen naar andere betaal-, spaar- of beleggingsrekeningen. Maak het jezelf makkelijk en leg de periodieke overboekingen vandaag nog in per bijvoorbeeld iedere 28e van de maand. Dan hoef je in ieder geval in het begin niet na te denken over de verdeling van je maandelijks inkomen. De uitdaging in het begin is overigens niet om deze verdeling te maken, maar om van je 'noodfonds' en 'investeringsfonds' af te blijven. Vooral tijdens vakantieperioden of als je het even moeilijk hebt.

Kijk, als je wasmachine kapot gaat, ok, daar is je noodfonds voor. Je wil een zwembad in de tuin omdat je vakantie niet doorgaat? En je hebt je vakantiegeld al uitgegeven aan leuke nieuwe meubeltjes of andere zaken? Ok, daar is je noodfonds dus NIET voor. Dat zwembad had je gewoon moeten verdienen met je investeringen. Heb je het niet ingesteld, of zit er nog niet genoeg in om het van je investeringen te betalen? Nou jammer dan. Dan zul je even een jaartje moeten overslaan. Dat is de discipline die je zal moeten ontwikkelen.

Naarmate je kennis en vaardigheden vorderen, blijf je wel
regelmatig investeren, maar doe je dat niet meer blind iedere
maand. Nee, dan ga je het steeds slimmer doen, met steeds hogere
rendementen. Dat is meteen de brug naar de volgende stap.

SLIM AFLOSSEN Stap 2: Investeer in bedrijven

Begin met de index

Ok, nou hoor ik je zeggen: "Ik ga toch geen hele bedrijven kopen!? Weet je wel hoeveel dat kost?" Ja dat weet ik. Zo'n 20 euro per maand. Dat had je niet verwacht he? Het is belangrijk dat je jezelf aanleert dat je investeert in bedrijven en niet in aandelen. Want, de sleutel tot hoge rendementen zit in de mindset van het kopen van een bedrijf dat jij heel graag zou willen hebben.

Stel je wil Tesla overnemen van Elon Musk. Dat lijkt je cool. Je wil dat bedrijf hebben. Nou, dan zul je waarschijnlijk met een paar miljard aan moeten komen zetten. Dat heb je niet, dus daarom begin je klein. En koop je een fractie van zijn bedrijf. Jawel aandelen. Dus niet andersom. Dat je denkt; "hmmm aandelen Tesla lijken me wel geinig." Zo, moet je dus niet denken. Want dan denk je niet als investeerder, maar als speculant. Wanneer je het alleen maar ziet als een paar aandelen, dan voel je je niet verbonden met het bedrijf en je eigen gemaakte keuzes. Iedere koersbeweging die je na de aankoop doet, ga je dan letterlijk voelen. Vooral wanneer ze omlaag gaan. Je zult de eerste niet zijn die bij forse koersdalingen zwetend in zijn bed ligt. Dat wil je niet. Daarom is het nodig om echt het hele bedrijf te willen kopen. En alleen omdat je niet anders kan, neem je genoegen met een paar aandelen. Jij bent nu mede-eigenaar en zo is het. Hahaaa! En opeens ben je investeerder. Ok, het investeren in individuele bedrijven is voor de beginnend belegger minder makkelijk. En dat is een vaardigheid waarin je je zult moeten ontwikkelen. Tenminste als je dat wil. Want je loopt alleen risico als je niet weet wat je aan het doen bent.

Als je dat niet wil, of je bent niet geïnteresseerd in beleggen, dan stelt Warren Buffett (de op één na rijkste man ter wereld) dat je dan als verstandige leek het beste af bent door ieder jaar een zo goedkoop mogelijk passief beheerd indexfonds te kopen. En hij geeft als specifiek voorbeeld: koop de S&P500. De S&P500 is een aandelenindex die door zijn brede samenstelling van 500 Amerikaanse bedrijven een betrouwbaar beeld geeft van de ontwikkelingen van de Amerikaanse aandelenmarkt. Op dit moment de meest bepalende markt ter wereld. Geen gedoe, geen superhoge rendementen. Wel gewoon het historisch rendement van de markt. Dat is gemiddeld toch zo'n 7% per jaar, dus nog steeds beter dan sparen.

Meeliften is slimmer

Maar wil je meer rendement dan 7% en er toch niet zo heel veel voor doen? Dan heeft Warren Buffett een nog betere tip voor je. Kopieer de aankopen van superbeleggers en lift mee op hun succes. Naar eigen zeggen heeft Warren zijn eigen leermeester Benjamin Graham jarenlang gekopieerd. Te beginnen met zijn analyse van Coca-Cola in het door Graham geschreven studieboek: Security Analysis in 1934. Zoals moge blijken, niet zonder resultaat voor Warren.

Kun jij dat dan ook zonder uitgebreide studie? Jazeker! Want grote investeerders zoals Warren Buffett, Charlie Munger, Monish Pabrai, David Einhorn of Carl Icahn zijn verplicht hun aankopen ieder kwartaal openbaar te maken via een zogenaamd SEC 13F formulier bij de Security and Exchange Commission (SEC). Daar kun je de documenten volledig gratis opvragen en inzien (https://www.sec.gov/edgar/search-and-access).

Dat het kopiëren van superbeleggers werkt, blijkt ook uit onderzoek van de University of Nevada. Wanneer je de aankopen van Warren Buffett op basis van zijn 13F's vanaf 1976 tot aan 2010 jaarlijks blind had gekopieerd, dan had je een jaarlijks rendement gehad van 24%. Slechts 3% minder dan het rendement van Warren zelf over diezelfde periode. Of dat nu nog steeds zo is, is natuurlijk niet zeker. Want Warren moet ieder jaar een steeds groter bedrag beleggen en het vinden van investeringen met zulke hoge rendementen wordt voor hem steeds moeilijker. Echt grote kansen treden voor hem pas

op bij grote beurscrashes. Maar er zijn nog meer
superinvesteerders. Die consistent rendementen boven de 20%
halen. En die kun je dus ook kopiëren. Het is aan jou om je favoriete
superinvesteerder te gaan vinden. In bijlage 2 vind je een lijst met
de meest bekende superinvesteerders op dit moment.

Als je dan toch op onderzoek uit gaat naar de meelift strategie, dan
kom je waarschijnlijk ook uit op het 'copy-trading' aanbod. Waar je
eenvoudig andere beleggers kan volgen en kopiëren. Je kan dan
meeliften op het resultaat van de belegger van je keuze. Dit is wel
een stuk risicovoller dan het meeliften op de 20+ jaar goed
gedocumenteerde trackrecords van superbeleggers. Dus voordat je
meelift op een copytrading platform, doe onderzoek naar het
trackreckord van degene die je volgt. Begrijp zijn strategie voordat je
meelift op zijn resultaten.

Als je dat dan toch aan het doen bent, en je denkt opeens: "Hee dit
is allemaal wel heel erg leuk! Leer mij meer!" Dan is dat het punt dat
je klaar bent om te gaan leren hoe je individuele aandelen kan gaan
selecteren, waarderen en kopen. En dan heb je tegen die tijd
waarschijnlijk ook voldoende geld én de juiste mindset om dat ook
echt te gaan doen. Want, tsja, je hebt intussen natuurlijk de meelift-
machine al aangezet.

Het aanzetten van de ETF-machine

Op dit moment zijn er meerdere aanbieders van beleggersrekeningen in Nederland waarbij je Exchange Traded Funds (ETF) of indexfondsen goedkoop kan kopen. Er is er echter maar één bij mijn weten waarbij je volledig automatisch iedere maand ETF's of beleggingsfondsen kan kopen zonder transactiekosten in rekening gebracht te krijgen. Namelijk de BINCK FUNDCOACH (BINCK FONDSBELEGGEN). Eigenlijk is dit de voormalige SNS Fundcoach, overgenomen door Binckbank.

<u>Hoe zet je je ETF machine aan:</u>
- Open een Binck Fundcoach rekening
- Ga naar de assortimentvergelijker
- Zet de rendementsperiode op 3 jaar
- Zet de Morningstar rating op 4 sterren en hoger
- Zet de Morningstar Analyst rating op GOLD
- Filter de Lopende kosten oplopend
- Kies de index met de laagste kosten en hoogste rendementscore (Op dit moment: Ishares S&P500 en Vanguard S&P500)
- Leg een PERIODIEKE kooporder in voor het bedrag dat je maandelijks wil beleggen met een minimum van €20 (verplicht minimum bij Binckbank Fondsbeleggen)
- Leg voor exact hetzelfde bedrag een periodieke geldoverboeking in van je huisbank betaalrekening naar je Binck Fundcoach rekening
- En presto! JE ETF machine staat aan!

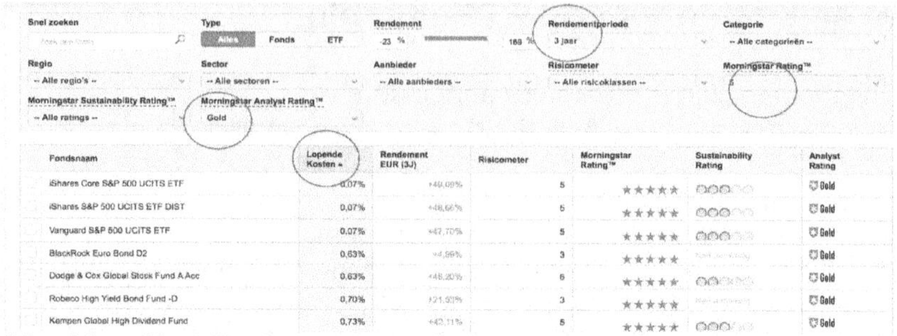

Fondsnaam	Lopende Kosten	Rendement EUR (3J)	Risicometer	Morningstar Rating™	Sustainability Rating	Analyst Rating
iShares Core S&P 500 UCITS ETF	0,07%	+46,09%	5	★★★★★		Gold
iShares S&P 500 UCITS ETF DIST	0,07%	+46,66%	5	★★★★★		Gold
Vanguard S&P 500 UCITS ETF	0,07%	+47,70%	5	★★★★★		Gold
BlackRock Euro Bond D2	0,63%	+4,96%	3	★★★★★		Gold
Dodge & Cox Global Stock Fund A Acc	0,63%	+46,20%	6	★★★★★		Gold
Robeco High Yield Bond Fund -D	0,70%	+21,93%	3	★★★★★		Gold
Kempen Global High Dividend Fund	0,73%	+42,11%	5	★★★★★		Gold

Afbeelding: Binck Fundcoach assortimentsvergelijker

Wees gerust, ik krijg geen vergoeding van Binck om reclame te maken, maar op het moment van schrijven is het zo, dat je alleen bij Binck Fundcoach volledig automatisch periodieke orders (iedere maand) kan inleggen. En zolang je gebruik maakt van periodieke orders betaal je wel servicekosten, maar geen transactiekosten. Het is gewoon vreemd dat automatisch periodiek investeren in de index bij andere partijen in de markt nog (steeds) niet kan.

Actief beheer kent lager rendement

Er zijn ook actieve beheerders in de markt die met alle plezier het beleggen voor je doen. Maar ze vragen hogere servicekosten en je kunt je fondsen vaak niet volledig zelf uitkiezen. Dit teert in op je rendement. Waardoor zij wel geld verdienen, maar jij een rendement hebt van nog geen 5%. Dat is nog steeds beter dan sparen, maar zet weinig zoden aan de dijk op de lange termijn.

In 30 jaar tijd groeit een inleg van €10.000 op deze manier naar ongeveer €50.000. Maar had je in plaats van je geld aan een actieve fondsbeheerder te geven, je geld in een passief beheerd indexfonds gestopt met een jaarlijks rendement van 10%, dan was je €10.000 in diezelfde periode uitgegroeid naar ongeveer €450.000.

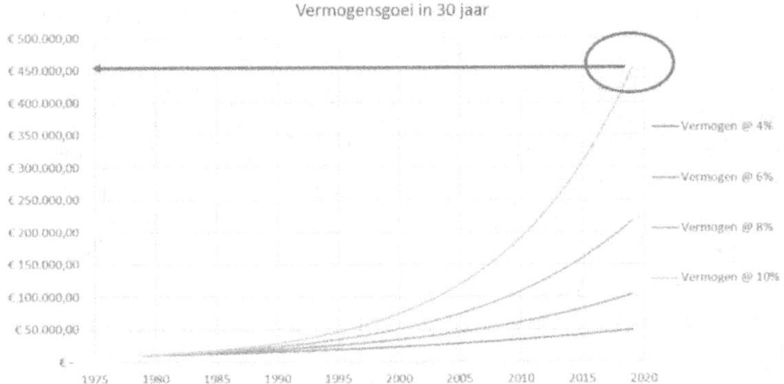

Afbeelding: effect van rendementen bij verschillende percentages met startkapitaal van €10.000

Je geeft je fondsbeheerder dan eigenlijk zo'n €400.000 van de €450.000 die jij had kunnen hebben cadeau. Hier. Alsjeblieft. Koop er maar een leuke Porsche van. Want zij kunnen, net als jij, met jouw maandelijkse inleg vrij eenvoudig zelf 10% halen door achter de schermen gewoon een index te volgen. En voor die handeling moet je ze natuurlijk wel betalen. En dat is waarom je 5% tot 6% aan rendement inlevert.

Vind ik de ene beleggingsrekening beter dan de andere? Nee, hoor. Ik vind alleen dat verschillende beleggingsrekeningen geschikt zijn voor verschillende strategieën. Sommige zijn meer geschikt voor strategieën gericht op de aankoop van individuele aandelen. Enkele lenen zich beter voor passief beleggen. En weer andere richten zich meer op optietrading of copy-trading. Er is letterlijk keuze genoeg. Het is aan jou om persoonlijke keuzes te maken.

Goedkoop heeft een reden

Let overigens op wanneer aanbieders van beleggingsrekeningen beginnen te schermen met 'goedkope' transactiekosten. Transactiekosten zijn de kosten die je betaalt wanneer je een aandeel koopt of verkoopt. De administratieve afhandeling om het aandeel van de verkoper te verplaatsen naar jou kost geld en dat noemen ze transactiekosten. De reden dat sommige aanbieders je scherpere of geen transactiekosten kunnen aanbieden zit verborgen in de manier waarop ze zelf geld verdienen. Eén manier is dat sommige aanbieders van beleggersrekeningen jouw aandelen op de achtergrond weer doorlenen aan andere financiële instellingen en daar een vergoeding voor krijgen. Die vergoeding is dan hoger of even hoog als de transactiekosten. En die hoef jij dan niet te betalen. Dit noemen ze ook wel 'Security Lending'. Security lending of 'aandelen uitlenen' is eigenlijk het doorlenen van jouw aandelen tegen een vergoeding aan een andere financiële instelling. Je bent dan wel juridisch eigenaar, maar geen economisch eigenaar. Dat is niet erg. Zolang je het maar weet, begrijpt en accepteert.
Een andere manier is dat aanbieders je niet laten handelen tegen de laagst of hoogst haalbare prijs. Ze laten je een kleinere range zien waarbinnen jij denkt dat je kunt handelen. Als je dan bijvoorbeeld een kooporder geeft, dan kopen zij het net voor een iets betere prijs in en verkopen ze het weer aan jou. Vice versa bij een verkooporder. Dit gaat achter de schermen zo snel dat je het niet merkt. Zo pakken ze net die extra winst mee in jouw koop- of verkooporder waarmee ze de totale transactiekosten vaak met gemak dekken.

Dus onderzoek voordat je een rekening opent eerst of je kan beleggen in de zaken waarin jij wil beleggen. En of de voorwaarden van beleggen en de transparantie daarover passen bij jouw ideeën van handelen op de beurs. Persoonlijk heb ik een voorkeur voor aanbieders die transparant maken hoe ze hun geld verdienen en waarbij je zelf de keuze krijgt om bijvoorbeeld security lending aan of uit te zetten. Nadat ze natuurlijk eerst goed hebben uitgelegd wat er precies gebeurt met je aandelen. Dat verhoogt voor mij in ieder geval het vertrouwen in een aanbieder van beleggingsrekeningen.

Eén van je drijfveren bij het kiezen van een beleggingsrekening kan zijn dat je alles zo goedkoop mogelijk wil. En natuurlijk zijn zo laag mogelijke service- en transactiekosten relevant. Hoe goedkoper, hoe beter je rendement. Maar in het begin is gebruikersgemak, vertrouwd raken met beleggen en het makkelijk kunnen doen van aan- en verkopen misschien wel veel belangrijker dan goedkope transactie- en/of servicekosten. Want, zodra je duidelijk hebt welk type beleggingen jou het meeste aanspreekt, dan zul je zien dat je het niet erg vindt om twee of misschien meer beleggingsrekeningen te hebben voor verschillende doeleinden.

Maak je in ieder geval in het begin geen zorgen over het kiezen van een beleggingsrekening. Het wisselen van aanbieder is relatief eenvoudig, dus je hoeft je geen zorgen te maken als het je niet bevalt bij een aanbieder. Overstappen is meestal binnen 4 weken geregeld. Meestal gratis, soms tegen een kleine vergoeding. Maar heel veel moeite kost het niet. Lang leve internet!

Het nut van beginnen met beleggen in indexfondsen

Als het nou allemaal zo eenvoudig is om losse aandelen te kopen door simpelweg een superinvesteerder te kopiëren, waarom is het dan toch belangrijk dat je in ieder geval begint met het iedere maand automatisch beleggen van tenminste €20 tot €100 in indexfondsen?

Ten eerste, omdat je dan went aan het fenomeen investeren en het daadwerkelijk nemen van actie. Ten tweede, zodat je went aan de grilligheid van de beurs, zodat je hem leert begrijpen. En tenslotte, zodat je relevante informatie, handreikingen, webinars en soms zelfs complete trainingen ter beschikking gesteld krijgt vanuit je beleggingsrekening. Waardoor je eenvoudig kan leren hoe het beter kan en je vaardigheden in beleggen kan aanscherpen.

Onthoud, je mindset is alles. Als jij gelooft dat je 20% per jaar of meer rendement kan maken, dan kan je dat ook. Het is aan jou om dat te gaan geloven. En dat begint met de beginnersstap van gemiddeld 7 à 10% per jaar. Want als 7 à 10% kan, dan kan 20% ook. En 30%, en 50%, en 100%, en 1000%. Heb je hem? Mooi! Geloven is zien, maar gek genoeg is het nodig om eerst te zien om daarna te geloven. Waardoor je pas echt gaat zien hoe het werkt.

Wat is een ETF

De eerste echte beginnersstap zonder hoog risico is iedere maand automatisch beleggen in indexfondsen, ook bekend als Exchange Traded Funds (ETF's). Een ETF is niets anders dan een mandje aandelen die een bepaalde beursindex 1-op-1 kopieert. Wanneer zo'n mandje de index 1-op-1 kopieert met exact dezelfde bedrijven erin, dan noemen ze dat een fysieke ETF.

Er zijn indexen die niet uit bedrijven bestaan, maar bijvoorbeeld uit grondstoffen. Bijvoorbeeld de olie index of de mais index. Omdat een ETF de onderliggende bedrijven dan niet eenvoudig kan aankopen voor hun mandje, gebruiken ze financiële instrumenten om het dan maar 'na te maken'. Dit noemen ze synthetische ETF's. Een synthetische ETF is minder makkelijk om te begrijpen. Als beginnende belegger kun je deze beter links laten liggen.

Een voorbeeld om het te verduidelijken. De S&P500 index bestaat uit de 500 grootste Amerikaanse bedrijven. Het is de meest gevolgde index ter wereld en bestaat al sinds 1957. Hij is ontwikkeld door Standard en Poors, vandaar de afkorting S&P. Zij vonden het in 1957 een goed idee om de 500 grootste bedrijven van Amerika te gaan volgen, want dat gaf volgens hen een goed beeld van de groei van Amerika. Om in de S&P500 opgenomen te worden, hoeft een bedrijf er alleen maar voor te zorgen dat haar waarde groot genoeg is om op plekje 500 te komen. Omdat bedrijven continu de concurrentiestrijd met elkaar aan gaan, wisselt de S&P500 ook regelmatig van samenstelling. Een fysieke ETF volgt deze wisseling van samenstelling 1-op-1. En omdat ETF fondsbeheerders hun portefeuilles in het groot inkopen en in feite niet hoeven na te denken over wat ze kopen, kunnen ze eenvoudig participaties in de vorm van ETF's aanbieden, die je exact hetzelfde resultaat als de index aanbieden, voor een fractie van de prijs en tegen een fractie van de kosten.

Is er dan maar een vast aantal ETF's beschikbaar? Nee hoor, ze nemen gewoon een behapbaar percentage van de marktwaarde van de index zodat het lekker goedkoop blijft voor iedereen. Stel dat de S&P500 index $3.235 noteert, dan stellen ze bijvoorbeeld participaties beschikbaar die 2% van de index waard zijn, dus in dit geval $54. Een S&P500 bij deze aanbieder zou dan $54 kosten. Als je dan één ETF koopt bij hen, dan koop je letterlijk 2% van de waarde van alle bedrijven in de S&P500. Dan ben je opeens mini-mede-eigenaar van 500 van de grootste Amerikaanse bedrijven. Hoe cool is dat!

Marktpotentieel is onbeperkt

Wanneer je begint met beleggen koop je iedere maand voor een gelijk bedrag een aantal passief beheerde indexfondsen aan. Door het iedere maand aankopen met eenzelfde bedrag, koop je soms goedkoper dan gemiddeld en soms wat duurder dan gemiddeld. Per saldo koop je voor het jaargemiddelde in. Hiermee verlaag je je risico op grote verliezen gedurende het jaar. Maar ook de kans op grote winsten. Deze methodiek heet dollar-cost-averaging. Door het kopen van een gemiddelde volgen je investeringen de aangekochte index op de voet. Je verslaat de markt niet en je verliest niet van de markt. Jij bént dan de markt. Stijgt de markt, dan stijg jij ook. Daalt de markt, dan daal jij ook. Maar op lange termijn stijgt de markt gemiddeld altijd.

Afbeelding: historische ontwikkeling Dow-Jones

De reden dat de markt overigens altijd stijgt, is dat er op onze aarde steeds meer mensen wonen. En waar het aantal mensen stijgt, stijgt op den duur ook de productie en de consumptie. De beurs profiteert dus van bestaande bedrijven die steeds meer producten kunnen verkopen aan steeds meer mensen. En van steeds meer nieuwe bedrijven die ontstaan in gebieden waar het aantal mensen groeit. Is er een einde aan groei? Alleen als we niet de ruimte in kunnen. En daar zijn diverse wereldoverheden in samenwerking met grote commerciële bedrijven al jaren hard mee bezig.

Dus zolang de geplande kolonisatie van de maan, mars en andere planeten gaat lukken en de wereldbevolking niet plotseling halveert, is de toekomstige groei voor bedrijven op de beurs vrijwel onbeperkt. Op de korte termijn kan de beurs alle kanten op gaan, maar op de lange termijn kan hij alleen maar stijgen. En dat is de reden waarom dollar-cost-averaging op de lange termijn werkt. Jij bent de markt en de markt stijgt op de lange termijn altijd.

Periodiek Indexbeleggen is daarom een laagdrempelige en makkelijke manier om te starten. Niet iedereen is net als Warren Buffett op zijn 11e een wonderkind die bedrijfswaarderingen uit zijn mouw schudt alsof het niets is. En daarom zegt Warren tegen de niet in beleggen geïnteresseerde medemens, die echt niets anders wil dan geen zorgen aan zijn kop: koop de index. En daarnaast stelt hij, let op dat je de ETF neemt met de laagst mogelijke beheerkosten; bijvoorbeeld de Vanguard S&P500 ETF. Nou heel veel specifieker kan Warren in zijn tip niet worden. Behalve dan in de kwartaalrapportages van zijn eigen investeringsvehikel Berkshire Hathaway. Waaruit duidelijk blijkt dat hij zelf ook gecharmeerd is van andere populaire indexen zoals de Britse FTSE en MSCI World index.

Warren opteert eigenlijk voor iets anders

Overigens is iedere maand de index kopen niet helemaal wat Warren verstaat onder periodiek ETF's aankopen. Het woord 'periodiek' heeft voor Warren niet dezelfde betekenis als 'maandelijks'. De regelmaat die hij zoekt is regelmatig hetzelfde aandeel onder de waarde aankopen wanneer de prijs onder de waarde zakt. En dat gebeurt soms één of twee keer per jaar en soms één of twee keer per 10 jaar. Hij gelooft niet in dollar-cost-averaging. Sterker nog, dat vindt hij vooral iets voor de massa. Niet iets voor serieuze investeerders. Hij zelf koopt alleen aandelen als er sprake is van een dip; een marktcorrectie van 10%, 20% of groter waardoor de marktprijs onder de waarde zakt. De methodiek die hij en veel andere superbeleggers aanhangen heet Value Investing, of in het Nederlands; beleggen op basis van bedrijfswaardering. Simpel gesteld, de prijzen in de markt gaan op en neer. Overwegend vraagt de markt meer dan een bedrijf waard is en heel af en toe vraagt de markt veel minder dan een bedrijf waard is. En dat is het moment waarop waarde-investeerders toeslaan. En in de tussentijd doen ze het liefst alleen onderzoek.

Die marktcorrecties naar beneden zijn er regelmatig. Ieder jaar ontstaat er ergens wel een moment om met 10% tot 20% en soms zelfs 50% korting in te kopen. Dan moet je wel weten waar je op moet letten. En dat vereist tenminste een dieper gelegen interesse in het willen begrijpen van de financiële cijfers van bedrijven, van trendanalyses en het actief volgen van nieuwsberichten.

Dan ben je dus niet meer passief bezig. En als je Warren echt wil kopiëren dan zul je je ook moeten verdiepen in optietrading. Want, ondanks dat Warren er geen heil in ziet, maakt hij wel gretig gebruik van de mogelijkheid die opties bieden om goedkoop aandelen te kopen. Er is heel veel te vertellen over opties, teveel om dat in één paragraaf kwijt te kunnen. Maar in het kort komt het erop neer dat superinvesteerders opties gebruiken om betaald te krijgen om aandelen te kopen of te verkopen tegen een vooraf vastgestelde prijs. In deze opzet kan je dus alleen maar winnen. Een mooi voorbeeld van EN-EN denken en het vrijwel volledig beperken van je risico om geld te verliezen.

Dit gaat misschien wat snel, maar als je nu denkt: "ik moet weten hoe dit werkt…" dan ben je stiekem wel klaar om je te verdiepen in individuele aandelen analyse. Maar loop niet te hard van stapel, begin gewoon met de index. De kennisverdieping volgt snel genoeg.

Buy the Haystack

Warren beveelt Vanguard aan omdat hij veel respect heeft voor John 'Jack' Bogle, de oprichter van Vanguard en de uitvinder van indexfondsen. Jack Bogle was de eerste die openlijk uitte dat actief beheerde fondsen geen geld opleveren voor particuliere investeerders. En dat het zelfs één groot bedrog zou zijn. Waarbij fondsbeheerders vooral gericht waren op het ontvangen van premies en totaal niet gericht waren op het behalen van resultaten voor hun klanten.

Zijn passief beheerde Vanguard indexfondsen hebben inmiddels effectief bewezen dat hij jaren geleden gelijk had. Zijn passief beheerde fondsen hebben 99% van alle actief beheerde fondsen verslagen, simpelweg door hetzelfde resultaat te leveren als de markt. Het komt erop neer dat hij stelde dat er meer mensen zijn die de markt niet kunnen verslaan dan wel verslaan. En dat je dus moet stoppen met proberen de markt te verslaan, maar gewoon mee moet gaan met de lange termijn trend omhoog. Ook als hij soms even daalt. Kost de minste energie en levert gemiddeld het meeste op. Een simpele en efficiënte gedachte.

Succes wordt altijd gekopieerd, dus intussen is Vanguard niet de enige meer die passief beheerde fondsen aanbiedt. Onder andere Blackrock met de Ishares-selectie is een grote nieuwe speler. En de Ishares S&P500 fondsen van Blackrock zijn natuurlijk net zo goed als de Vanguard S&P500 fondsen. Ze kopiëren namelijk allebei dezelfde index. Dus ja, de kleine verschillen in rendement die mogelijk bestaan op korte termijn zijn alleen afhankelijk van de startdatum van een fonds. Meer niet. Zijn Vanguard en Blackrock nou eigenlijk aan het kopiëren en meeliften op de index? Klinkt als succesvol, mits je de winnende index kiest. Waar hebben we dat eerder gehoord? Kopiëren en meeliften, een winnende strategie…?

Fish were the fishes are

Warren, net als het gros van de superbeleggers, is dol op Amerika en stelt simpelweg: "Never bet against America". En daar heeft hij gelijk in. Hoe erg China, India en andere landen ook in opkomst zijn, zolang Amerika het wereldstrijdtoneel bepaalt, met militaire macht wereldwijd grondstoffen kan claimen naar believen, de regels voor boekhouden wereldwijd kan opleggen en met monetaire macht hun enorme economische belangen kan beschermen, zullen de Amerikaanse indexen dominant blijven.

Wil je de vrije rijke westerse markt op? Wil je geld van investeerders zonder overheidsbeperkingen? Wil je laten zien dat je een betrouwbare bedrijf bent voor investeerders? Dan zul je de Amerikaanse markt op moeten en voorbij de strikte richtlijnen van de Amerikaanse Security and Exchange Commissie (SEC) moeten komen. Eigenlijk is de SEC een soort Wereld Douanekantoor voor bedrijven om te mogen handelen met de westerse vrije wereld. De president van Amerika heet natuurlijk niet voor niets de "Leider van de Vrije Wereld". En dat kun je natuurlijk niet blijven zonder een goede grensbewaker te hebben. Erg handig dus die SEC. Daar zitten de regelgevers en de betrouwbare controleurs. En zo zoeken de vissen de vissers op, en de vissers de vissen. Het is de perfecte symbiose voor geldzoekers en geldgevers. Voor vraag en aanbod. Simpelweg voor handel.

Benjamin Graham wijst in zijn Security Analysis uit 1934 overigens al op het feit dat er voor 1934 maar 3 landen waren waar je je geld "veilig" kon wegzetten in staatsobligaties. Dat waren de Verenigde Staten, Nederland en Zwitserland. Jaahaa! Nederland! Niet voor niets zijn de Amerikanen zo begaan met de Nederlanders. Nederland is de grondlegger van de beurs zoals we die nu kennen en zoals die vandaag de dag bestaat in New York. En dat zijn ze op Wall Street (vernoemd naar de Wallen in Amsterdam) echt niet vergeten.

Maar om nou te geloven dat de AEX- index vandaag de dag een slimme investering is… Er zitten maar 25 bedrijven in de AEX-index. En de index wordt al jaren gedragen door maar een paar van deze 25 bedrijven, waarvan de belangrijkste twee al jarenlang SHELL en Unilever zijn. Laat die AEX-index dus maar zitten. Dan kun je net zo goed SHELL of Unilever aandelen kopen. De AEX weegt in omvang en kansen niet op tegen een NYSE waar duizenden bedrijven zoals SHELL en Unilever in zijn opgenomen en waar 27% van de totale wereldmarkt verhandeld wordt. Waar denk je dat de kans op het vinden van een goed gespreid mandje met een laag risico van zo'n 100 tot 500 succesvolle bedrijven het grootst is? Voor de vissers onder ons een no-brainer natuurlijk.

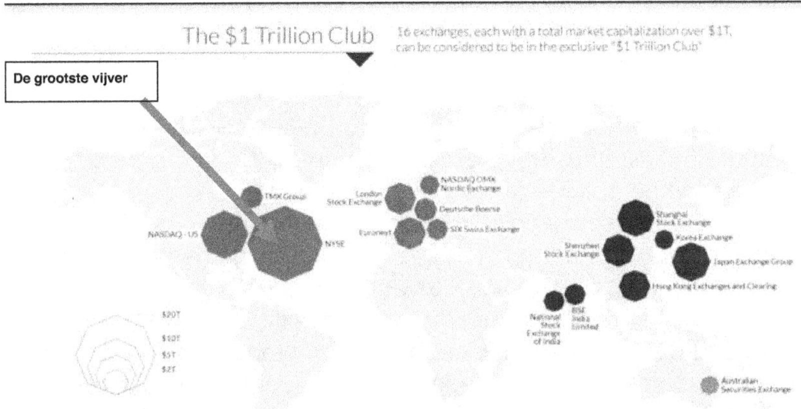

Afbeelding: stock markets worldwide, www.visualcapitalist.com.

Precies! In de grootste vijver, waar de meeste vissen zwemmen! En als je dus je geld gespreid wil beleggen in de beste bedrijven, zoek ze dan waar ze het meest waarschijnlijk gevonden kunnen worden. Namelijk in de grootste marktvijver. De Amerikaanse markt. Waar 44% van de hele wereldhandel plaatsvindt. En binnen die 44% selecteert Standard & Poor's iedere dag de 500 beste uit de vijver (de S&P500).

Nieuwe Wereldorde

Dus ja, ik volg Buffett wel. 'Never bet against America'. De
Verenigde Staten domineren de wereldhandel. Sinds begin 1900,
vandaag en met grote waarschijnlijk ook in de toekomst. Want, tsja
wie anders? Het sociaal-kapitalistische China? Het conservatief-
behoudende Japan? Het nederig-hierarchische India? Het degelijke
maar kleine Duitsland? Het vrije en arrogante Frankrijk?

Als je het aan Ray Dalio vraagt, dan zegt hij dat wereldrijken zo om
de 200 jaar komen en gaan. Dat gold voor het machtige Nederland
van 1500-1700, het machtige Britse Rijk van 1700-1900 en voor de
Amerikanen in de huidige eeuw van 1900 – 2100…en daarna
China? Ray Dalio is misschien wel de meest vooraanstaande
adviseur van de US Federal Reserve en één van de beste analisten
ter wereld. Hij heeft een voorliefde voor gedetailleerde data-
analyses en noemt zichzelf een hyperrealist. Het snijdt in ieder
geval hout om naar hem te luisteren. En Ray stelt dat China niet
tegen te houden is, en dat de huidige handelsconflicten duidelijke
voorboden zijn van een verschuiving van de huidige machtsbalans.

Op zich niet onlogisch. Als je objectief naar China kijkt dan kun je
niet anders dan concluderen dat ze steeds sneller steeds rijker
worden en dat het Westen in steeds hogere mate afhankelijk van
China is geworden. Heb jij nog spullen die niet 'made in China' erop
gestempeld hebben? Niet veel schat ik in. Voel je je avontuurlijk, kijk
dan naar China. Maar varend op Ray Dalio's eigen voorlopige
analyse, lijken we tot eind van deze eeuw nog wel veilig te zitten in
Amerika. Naast de handels- en economische conflicten moet er
namelijk eerst nog een aantal militaire conflicten uitgevochten
worden, voordat er een verschuiving naar een nieuwe
wereldheerser plaatsvindt. En voorlopig is Amerika militair nog altijd
de sterkste. Pas als dat verandert, wordt het tijd om je druk te
maken over een nieuwe wereldorde.

Laten we als beginnend belegger voorlopig bij het land blijven waar
de assertieve winnaars- en ondernemersmentaliteit de

overheersende cultuur is: De Verenigde Staten van Amerika. Want winnaars willen blijven winnen!

> *"Winning is not a sometime thing; it's an all-time thing. You don't win once in a while, you don't do things right once in a while, you do them right all the time. Winning is habit"*
> *– Vince Lombardi*

De selectie-criteria voor een winnend indexfonds (ETF) zijn dus:

- Koop een index in een markt die aantoonbaar groeit en blijft groeien
- Koop een index die de winnaars van de markt volgt
- Koop een indexfonds van een beheerder met zo laag mogelijke beheerskosten

Start met begrijpen van de index

Een slimme manier om een index snel te begrijpen is een analyse te maken van de winnende sectoren en industrieën binnen de index en je te focussen op themafondsen binnen een index. Als je dit gaat doen, dan is de stap naar een individuele aandelen analyse nog maar heel klein. Kijk maar; van index, naar sector, naar industrie, naar individueel bedrijf. Makkelijk he?

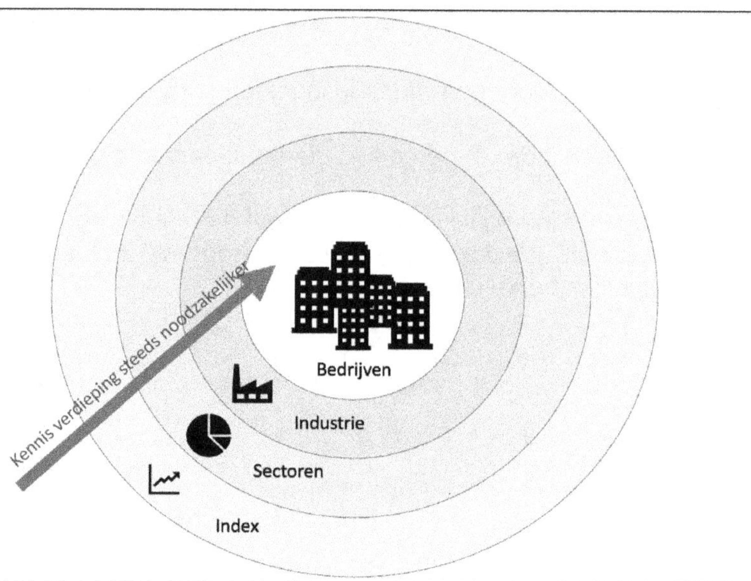

Afbeelding: index opbouw

De tranches van onderzoek worden steeds kleiner en de inspanning om het te willen begrijpen steeds groter en leuker. Onthoud, om je geldmachine te laten groeien is het niet nodig om individuele aandelen te kopen. Je geld kan prima groeien met sparen, indexfondsen en met themafondsen binnen de index. Het duurt alleen langer voor je voldoende omvang hebt om echt grote stappen in je vermogen te maken.

Het kunnen bepalen wanneer je een individueel bedrijf tegen een flinke korting kan kopen of tegen een flinke premie kan verkopen kan de boost zijn die je nodig hebt om met bijvoorbeeld €5000 in 10 jaar tijd een grote sprong te maken naar een vermogen boven de €30.000 of €40.000 of zelfs €100.000.

Individuele aandelen leren waarderen

Wil jij, nadat je gestart bent met ETF's of het kopieren van superbeleggers, meer weten over hoe jij ook hogere rendementen behaalt met het selecteren van individuele aandelen op basis van Value Investing? Dat kan. Schrijf je in voor mijn workshops of online training op www.belegsimpel.nl. Dan geef ik je de tools en websites die je helpen om volledig volgens de methodiek van Benjamin Graham, David Dodd, Warren Buffet, Charlie Munger, Alan Greenspan, Joel Greenblatt, Peter Lynch en vele andere Value investors te beleggen. En je krijgt antwoord op de volgende vragen:

1. Hoe werkt de aandelenmarkt precies?
2. Hoe kies je je beleggersrekening?
3. Hoe voorspel je simpel de markt?
4. Hoe weet je op een eenvoudige en snelle manier of een aandeel goed is?
5. Hoe bepaal je simpel of een bedrijf goed gerund wordt?
6. Hoe bepaal je simpel hoeveel een bedrijf (aandeel) waard is?
7. Hoe weet je of een aandeel op een bepaald moment goedkoop is?
8. Hoe koop je aandelen en wanneer verkoop je ze?
9. Hoe koop of verkoop je aandelen gratis of met geld op de koop toe?

Zodat jij ook bedrijven kan selecteren die je kan begrijpen, waarvan je het management en de voordelen kan analyseren en er eenvoudig een prijskaartje op kan plakken. Zodat je weet wanneer het bedrijf in de uitverkoop staat en wanneer niet, en rendementen boven de 15% kan behalen. Net als alle andere investeerders die in

de voetsporen van Value Investors Benjamin Graham en David
Dodd en hun beste student, Warren Buffett, zijn getreden.

Maar voor nu, begin vooral met het periodiek beleggen in ETF's. En
bepaal aan de hand van je inspanningen om de index te begrijpen
of het beleggen in individuele aandelen uiteindelijk ook jouw ding is.

<u>Recapitulerend voor stap 2:</u>
- Investeer (periodiek) in bedrijven; leer bij voorkeur (periodiek)
  investeren in individuele aandelen, zodat je met een laag risico
  rendementen boven de 10% haalt en binnen 7 jaar een
  startvermogen kan bouwen;
- Wil je niet leren hoe je individuele aandelen selecteert en
  waardeert én vind je 7% à 10% rendement prima; investeer dan
  iedere maand automatisch in indexfondsen met de <u>laagste</u>
  lopende kosten (bijv. De Ishares of Vanguard S&P500 ETF's)
  en bouw in 7 à 10 jaar een startvermogen op;
- Wil je niet leren hoe je individuele aandelen selecteert en
  waardeert, maar wil je wel meer dan 10% rendement en vind je
  een beetje meer risico prima; investeer dan in themafondsen
  binnen de belangrijkste indexfondsen, bijvoorbeeld een
  Information & Technology Index;
- Wil je niet leren hoe je individuele aandelen selecteert en
  waardeert én geen ETF's maar wil je wel 10% of meer
  rendement; kopieer ieder kwartaal de aankopen van
  superinvesteerders via de 13F-formulieren op de US SEC
  website https://www.sec.gov/edgar.shtml en behaal ongeveer
  hetzelfde resultaat als je eigen investeringsidool.

SLIM AFLOSSEN Stap 3: Los consumptief krediet af

Geld moet rollen

Het allerbelangrijkste doel van investeren is om een geldstroom te creëren waarvoor jij vrijwel niet hoeft te werken. Als je doel is om simpelweg heel veel geld op de bank te hebben, ga dan terug naar het begin en herlees de mindset sectie nog maar eens. Geld is een middel om een doel te bereiken. Dat doel moet zijn: geldstromen creëren waarvoor jij niet hoeft te werken. En dat begint met het stoppen van gelduitstroom naar mensen die jou geld geleend hebben tegen veel te hoge woekerrentes. Die gaan we als eerste terugbetalen en daarmee betalen we eigenlijk onszelf en verdienen we iedere maand weer meer geld. Als je nu kredietschulden vrij bent, dan kun je deze sectie overslaan en meteen doorgaan met stap 4. Maar heb je zin om je toch even te verbazen, lees dan door. Want we gaan in deze stap eens even goed los.

Geld lenen kost geld

Het bedrag dat je voorheen aan je schuldeiser betaalde, ga je vanaf het moment van aflossen van de schuld in jezelf investeren. Door, jawel, dat geld niet te gebruiken voor aflossingen, maar voor investeringen in bijvoorbeeld ETF's of aandelen. Je gaat het dus niet uitgeven aan nieuwe luxe en comfort items waar je geld voor moet lenen. Op het moment dat je geld moet lenen bij iemand anders omdat je meer comfort nodig hebt… guess what… dan leef je boven je stand. Je kan het niet betalen! Dat wil je toch niet?

Get your Sh*t together

Ok, misschien denk je nu; "ja, dat bepaal ik zelf wel! Wie ben jij dan? Want ik leef bewust boven mijn stand, zodat ik mezelf dwing om meer te verdienen! En als anderen denken dat ik veel geld kan uitgeven, dan komt er nog meer geld naar me toe. Dat is de wet van de aantrekkingskracht. Ik investeer in mezelf!". Ok, dat betekent dus dat je steeds eerst meer moet verdienen om de dingen die je al hebt achteraf te betalen. Dus je loopt achter de feiten aan. Je bent dan bezig met een continue inhaalrace van luxe. Voor wie doe je dat eigenlijk? Je ego? Andermans ego? Wat gebeurt er als het niet meer lukt om meer geld te verdienen? Ga je dan twee of drie banen nemen? Meer uren werken? Wat levert het op? Op een gegeven moment houdt het op. En wat heb je dan? Niets!

Van salarisstrook naar salarisstrook rennen is de snelste weg naar armoede. Zowel in geld als in tijd als in gezondheid. Simpel gezegd, als je bereid bent om steeds meer uren te maken om steeds meer geld te verdienen zodat je van steeds meer mensen geld kan lenen voor spullen die je eigenlijk zelf niet kan betalen, dan heb je je sh*t niet op orde. Ook al verdien je een miljoen of meer per jaar. Zo. Precies. Wil je niet. Snap ik. Jij wilt je sh*t wel op orde.

> *"Get your Sh*t together!"* – *Sarah Knight*

Als je dan toch van patsen houdt, wat heb je dan liever dat mensen zeggen? "Kijk, daar loopt die patser met zijn lease-BMW. Tsss, moest zijn huis aan mij verkopen toen hij zijn baan kwijt was. Ja die zit hier gehuurd. Loonslaaf. Hahaha, nu betaalt hij de mijne!" Of "Kijk daar loopt die patser met zijn dikke BMW. Betaalt die blaaskaak mooi van mijn huurcenten."

De tweede patser is de patser die je kan zijn zodra je de eerste niet meer wil zijn.

Focus op NEE

Op de pof leven. Dat gaan we niet meer doen. Nee. Je gaat het vrijgekomen geld gebruiken om je periodieke inleg voor investeringen te verhogen. Daarmee verhoog je meteen je waarde als 'businesspartner' voor kredietverstrekkers. Hoe cool is dat? Van geldtrekker naar geldvérstrekker. Wanneer jij je kredietwaardigheid verhoogt, dan word je een gewaardeerde partner. Waar deuren voor open gaan en wiens ideeën een luisterend oor vinden.

Tot de dag dat dat gebeurt, blijf je slechts een goedgelovige consument die ze het geld uit de zakken kunnen blijven kloppen. Ze horen je wel, maar luisteren niet. Jij ziet een sukkel die jou geld geeft voor een nieuwe auto. Zij zien een sukkel die hen nog meer geld teruggeeft voor iets dat na één dag al minder waard is. En het risico van waardevermindering ligt ook nog eens geheel bij jou. Want gaat het kapot, dan moet jij nog steeds betalen, terwijl je zelf niets meer hebt. Denk je dat ze je toelachen of uitlachen als je dat consumptief krediet afsluit. Eet maar lekker op joh. Nog een stukje? Er is genoeg! Jij trakteert! Dat je lang moge leven! Denk er maar eens over na.

> *"NEIN, NEIN, NEIN!"*
> *– Martin Wuttke, Inglorious Bastards (2009)*

Wil je weten hoe je van je schulden af komt? Let op: het 3 stappenplan om in no time van je schulden af te komen;

1. **Bepaal je AFLOS-strategie**. Simpel. 10% van je loon gebruik je om iedere maand je schuld af te lossen. Het is een investering in jezelf. Zie stap 1. Wen je daar meteen ook aan.

2. **Focus op NEE**. Nog simpeler. Vanaf nu richt je je op afbetalen. En als je iets ziet dat je denkt persé te moeten hebben, dan vraag je aan je zelf: "Heb ik dat nu nodig?". En

je standaardantwoord op die vraag is: NEE. Altijd. NEE.
Voel je je schuldig als je het toch gekocht hebt? Mooi zo. En
NEE, het is niet OK om iets te bestellen omdat je het toch
altijd weer terug kan sturen als het niet goed is. NEE, NEE,
NEE!

3. **Pak door.** Toegegeven, veruit de minst makkelijke van
   allemaal. Automatiseer het aflossen op dezelfde manier als
   straks sparen en beleggen. Stop met impulsaankopen. Doe
   gewoon NIET wat je altijd al deed. Want het is waanzin om
   te verwachten dat de uitkomst verandert door hetzelfde te
   blijven doen als je altijd al deed.

Het is gelukt!

Ok, je hebt alles afgelost en opeens heb je meer geld. Nou, je was
er toch al niet aan gewend om het uit te geven aan basisuitgaven,
dus doe je zelf een plezier en leer jezelf geen slecht gedrag aan
door meteen weer naar de winkel te rennen om iets leuks voor jezelf
te kopen. Als je het geld uitgeeft aan iets wat geen geld oplevert dan
is het geld weg! Foetsie! Down the drain. Kun je opnieuw beginnen.
Geef je baas in dat geval maar een stevige hand, want jij blijft nog
wel even zitten waar je zit. Je hebt weer geld nodig. Dat willen we
natuurlijk niet.

We willen de baas natuurlijk wel een stevige hand blijven geven,
maar alleen omdat we het leuk vinden om er te werken. Niet voor
het geld. Niet om van salarisstrook naar salarisstrook te blijven
hollen. Werken voor geld is voor mensen zonder geldmachine. Wij
werken om te leren. Leren is leuk. Wij werken niet omdat het moet.
Maar omdat het kan.

Laten we even terugpakken op SLIM AFLOSSEN stap 2; investeer
in bedrijven. Sommigen van jullie denken nu misschien; "ik kan toch
niet tegelijk én mijn schulden betalen én investeren. Dat is
gewoonweg te veel." Ok, snap ik. Er zijn meerdere manieren
waarop het wel kan. En als je er goed over nadenkt, en het EN-EN
denken AAN zet dan zul jij die ook vinden. Sterker nog, herlees

even de vorige alinea's. Aflossen ís investeren. Namelijk investeren in jezelf. Jawel, stap 1 van je geldmachine.

Maar, stel dat je geen zin hebt om je investeringsgeld te gebruiken om af te lossen, dan blijft stap 2 nog steeds geldig. Namelijk; zoek een baan. Of beter gezegd, zorg dat je meer geld krijgt uit je huidige baan of wissel naar een beter betaalde baan. En los die schulden af met je hoger verkregen loon. En zodra je schulden afgelost zijn, dan ga je dat geld niet opnieuw uitgeven. Nee, nee, dan gebruik je dat om te investeren.

Zie het maar zo; je was toch gewend om dat geld aan iemand anders te geven. Dus geef het vanaf nu aan je toekomstige zelf. Denk aan de 10-10 regel. Wedden dat jij over 10 jaar echt iemand anders bent? Je zal jezelf er over 10 jaar dankbaar voor zijn.

SLIM AFLOSSEN Stap 4: Koop een eigen woning

Koop met kennis van zaken

Deze stap is voor veel mensen wellicht de grootste stap in hun leven. En misschien zelfs wel de grootste schuld die ze ooit aangaan. Misschien heb je deze stap al gemaakt. Het kopen van een woning is een belangrijke stap op weg naar rijkdom. Maar alleen als je je eigen woning slim aankoopt. Wat bedoel ik daar mee? Koop geen kast van een huis dat je niet kan betalen of met een hypotheek die hoger is dan de waarde van het huis. Benader het kopen van je eerste huis hetzelfde als het kopen van al je toekomstige vastgoed. Met gezond boerenverstand én kennis van zaken! De overwaarde die je kan creëren met je eerste woning is overwegend de belangrijkste start van je vastgoedimperium. De winst op je woning zit altijd in de aankoop. Nooit in de verkoop.

Locatie, Taxatie, Relatie

Bij vastgoed hoor je vaak het makelaarscredo: Locatie, locatie, locatie. Maar wat heeft het voor zin om het woord locatie drie keer te herhalen? Natuurlijk is het belangrijk dat je goed nadenkt over de locatie waar je je eerste woning koopt. Bij voorkeur daar waar je je tenminste 10 jaar op je gemak voelt en je in de nabije omgeving voldoende werk kan vinden of voor jezelf creëren. Dat dat altijd en overal kan, daar kom ik later wel op terug. Het makelaarscredo is onvolledig. Ik hanteer het beleggerscredo; **Locatie, Taxatie, Relatie**.

Het gaat er niet alleen om dat je locatie goed is, maar ook of de woningwaarde (taxatie) interessant is en je voldoende mensen in je nabijheid hebt om je eventueel te helpen met klussen, verhuizen of je met raad en daad ter zijde te staan (relatie).

Bij je eerste huis is dit misschien minder belangrijk dan bij al je volgende huizen. Maar als je het bij je eerste huis al wat bewuster doet, is het kopen van al je volgende huizen een eitje.

Waarom is het dan belangrijk om uiteindelijk een eigen woning te kopen en niet te blijven huren? Nou, heel simpel. Ondanks dat je eigen woning je geen geld oplevert en wellicht zelfs geld kost is het voor financiers wel degelijk een vorm van bezit. Met een potentiële overwaarde die je kan gebruiken voor de aankoop van je eerste beleggingspand. Overwaarde op je eigen huis creëer je door vooral één ding slim te doen, namelijk een slimme hypotheek afsluiten; eentje die aflost zonder dat je er echt moeite voor hoeft te doen en met de minste kosten. En dat zijn annuïteiten- of lineaire hypotheken.
De slimste en goedkoopste hypotheken zijn dus annuïteiten- en/of lineaire hypotheken. Dus geen spaarhypotheek of beleggingshypotheek of een aflossingsvrije vorm hypotheek. Laat je nou niet in de luren leggen dat deze laatste drie lekker goedkoop zijn omdat je dan kan profiteren van hypotheekrente aftrek om je maandlasten te verlagen. De hypotheekrente aftrek wordt verkocht als een handig hulpmiddel om een duurdere hypotheek te kunnen aangaan dan je daadwerkelijk kan dragen. Maar feitelijk is het een stimulans om niet te groeien in je financiële vrijheid. Als ze het in plaats van hypotheekrente aftrek; de ik-pak-je-vrijheid-af-premie zouden noemen, zou je je misschien nog wel eens twee keer achter de oren krabbelen of je die hypotheek die je eigenlijk net niet kunt betalen wel af zou moeten sluiten. Interessant wat woorden kunnen doen hè.

Maak je niet druk als je nu toch één van die andere hypotheekproducten hebt. In het ergste scenario verlengen ze op het einde van de looptijd je hypotheek gewoon met nog een keer 10, 20 of 30 jaar. Krijgen zij hun geld nog niet, maar jij gaat braaf hogere rentes betalen. Behalve bij de spaarhypotheek, dan lachen ze je gewoon hard uit dat je jarenlang te veel betaald hebt.

Ja, ik ben er in het verleden ook ingestonken. Want, als je begin 20 bent dan ga je voor de laagste maandlasten en iedereen om je heen zegt dat je van alles kan aftrekken in je belastingaangifte. En wat er over 30 jaar gebeurt, dat zie je dan wel weer. En als je er dan na 10, 15 of 20 jaar achter komt dat je in een minder slimme hypotheekvorm bent gestapt en dat de hypotheekrente aftrek langzaam maar zeker wordt afgeschaft, dan ga je ook niet meer zo snel wisselen. Want dat kost meer geld dan het gewoon laten zoals het is. Ach ja, dan maar voordat de 30-jarige looptijd afloopt gewoon gigantisch rijk worden. Zullen we het bij alle andere panden die we kopen wél meteen goed doen?

Want, net als de aandelenbeurs stijgen de huizenprijzen op de lange termijn altijd. Je maakt pas verlies als je gedwongen moet verkopen. En met huizen geldt dat je pas gedwongen hoeft te verkopen als je de hypotheek niet meer kan betalen. De oplossing om deze situatie te voorkomen is simpel: gewoon zorgen, dat dat niet gebeurt door te zorgen dat de hypotheek niet hoger ligt dan de aankoopprijs en de hypotheekmaandlasten niet hoger zijn dan wat je op dat moment kan betalen op basis van het loon dat je in je eentje kan dragen.

Betekent dat dan dat je misschien geen eerste huis kan kopen op de plek waar je oud wil worden? Misschien wel, misschien niet. Het dwingt je in ieder geval je blik te verruimen en niet te concentreren op het kopen van zaken waar je nog niet klaar voor bent, maar te concentreren op de vraag: HOE KAN HET WEL? Gaat er al een lichtje branden?

Eén huis is geen huis

Wanneer je een eerste eigen huis gaat kopen, dan moet dat idealiter ook meteen tot doel hebben om meteen te zijn wat het is; namelijk je EERSTE huis. Zeker niet je laatste. Het is gewoon je eerste huis in een reeks van velen die komen. En je hebt in beginsel geen enkele intentie om welk van die huizen dan ook te verkopen. Je eerste woonhuis, word je eerste beleggingspand. En daarom is het ook niet erg om klein te beginnen. In een appartement of in een studio. Er is geen enkele reden om meteen een kast van een huis te kopen, dat je na tenminste 10 jaar niet kan verkopen voor veel meer

dan het waard is, of kan verhuren aan andere mensen voor een
huurprijs die veel hoger ligt dan je huidige hypotheek.

Waarom moet je dan een 'dure' lineaire of annuïteitenhypotheek
afsluiten en geen fijne easy-de-peasy spaarhypotheek? Ten eerste;
een lineaire hypotheek is over de gehele looptijd de hypotheekvorm
met de laagste totale bruto-rentekosten. De meeste hypotheken op
het eigen woonhuis worden afgesloten voor een duur van 30 jaar.
Als je alle rentekosten optelt voor de lineaire hypotheek dan ben je
goedkoper uit dan welke andere hypotheekvorm ook. De netto
maandlasten zijn wel hoger dan een annuïtaire, spaar- , beleggings-
of aflossingsvrije hypotheek, maar de totale rentekosten over een
totaal van 30 jaar zijn lager, omdat je meteen aflost. En nog een
voordeel van aflossen is dat je direct overwaarde creëert en
daarmee dus vermogen opbouwt. Het direct aflossen geldt niet voor
een spaarhypotheek. Feitelijk heb je bij een spaarhypotheek een
100% aflossingsvrije hypotheek met daartegenover een aparte
beleggersrekening (die ze spaarrekening noemen) waarmee je over
30 jaar je hypotheek 100% aflost. Klinkt dat niet gewoon als een
beleggingshypotheek met garantie op aflossing? Ja hè.

Je lost bij een spaarhypotheek tijdens de looptijd dan ook niet af. En
je bouwt geen vermogen op zonder dat je de boel eerst moet
verkopen. Als je het doel hebt om je eigen woonhuis te gebruiken
als startvermogen voor een beleggingspand dan zijn alle typen
aflossingsvrije hypotheken uit den boze. Die helpen je simpelweg
niet om je doel te halen. Namelijk, het creëren van extra
inkomstenstromen door middel van het effectief aan het werk zetten
van andermans geld. Want dat is wat je met overwaarde namelijk
kan doen.

Hefbomen die hap

Je kan je overwaarde uit stenen voor ongeveer 70% als onderpand aanbieden, zodat je een financieringsruimte kan krijgen van een financier van ongeveer drie keer de 70% overwaarde. Dus als je een eigen woning hebt, waarin je €30.000 hebt afgelost na 10 jaar, kun je mogelijk €30.000 x 70% x 3 = €63.000 financieringsruimte krijgen voor een beleggingspand. Tel uit je winst.

Bij een spaarhypotheek , beleggingshypotheek of aflossingsvrije hypotheek ontstaat die overwaarde niet vanaf dag één, omdat je met de financier hebt afgesproken om pas helemaal op het einde van de looptijd van de lening in één keer alles af te lossen. In theorie los je pas over 30 jaar voor de eerste keer af!

Ga jij daarop zitten wachten? Nee. Dat ga je niet. Dus je gaat meteen voor de slimme keuze. De lineaire of annuïtaire hypotheek. Dat levert direct geld op. En niet pas na 30 jaar. Want, we weten allemaal, het verschil tussen de hogere lasten van de annuïteiten, lineaire hypotheek en de aflossingsvrije vorm ga jij echt niet uit je zelf beleggen op je 20^e. Nee hoor, die geef je uit aan leuke spulletjes. En voor je het weet ben je 40, getrouwd met leuke kindjes, veel spulletjes, maar nog steeds geen echte vrijheid en denk je; "had ik nou toch maar meteen afgelost, dan had ik dat leuke pandje erbij kunnen kopen op basis van de overwaarde."

Aflossen is investeren

Aflossen op je eigenwoning hypotheek is eigenlijk investeren in je eigen vermogen. Want voor iedere euro die jij aflost, maak je circa 70 cent vrij om straks te kunnen investeren in een beleggingspand voor verhuur. En zo simpel is het. En na 10 jaar, als je ongeveer een kwart van de hypotheek hebt afgelost, dan heb je opeens een verstopt potje met geld dat je kan inzetten om een beleggingspand te kopen. En als je dat slim doet, dan kun je in de 5 tot 10 jaar erna de truc een aantal maal herhalen en eenvoudig een tweede

inkomen genereren dat mogelijk even hoog of misschien wel hoger
is dan je uitgaven. Hoe gaaf is dat?

Is dat echt mogelijk? Ja, dat is echt mogelijk. Het is niet voor niets
dat er zoveel miljonairs een paar extra woningen hebben waar
maandelijks geld uit komt. De nr. 1 van de Top 300 particuliere
vastgoedbeleggers heeft zelfs meer dan 5.800 woningen op naam
staan. Hij was er op zijn 20e vroeg bij, en de combinatie van
voldoende tijd én daadkracht heeft in zijn voordeel gewerkt. In zijn
eerste tien jaar van vastgoed beleggen lukte het hem om meer dan
100 beleggingspanden bij elkaar te sprokkelen. Als hij in ongeveer
45 jaar meer dan 5.000 woningen kan kopen, denk jij dat je dan in
10 jaar niet tenminste één tot tien beleggingspanden kan kopen.
Moet wel lukken toch?

Gratis geld bestaat

Er zijn voldoende redenen om tijdelijk in een gehuurde locatie te
zitten. De voornaamste daarvan is voor veel mensen wanneer dit
minder per maand kost dan kopen. En dit is meteen de reden
waarom langdurig huren eigenlijk kapitaalvernietiging is. Tenzij je
het verschil tussen je goedkopere huursom en wat je anders aan
hypotheeklasten kwijt zou zijn geweest slim belegt in bedrijven en
aandelen. Maar zelfs dan blijft het kapitaalvernietiging. Als jij een
huurder bent en je wil op termijn een beleggingspand kopen om te
verhuren in plaats van om in te wonen, dan ga je tegen financiële
drempels en wet- en regelgeving aanlopen. Natuurlijk kan het wel.
Maar dan heb je veel meer eigen geld nodig dan een
eigenwoningbezitter.

Wanneer je slim bent omgegaan met het geld dat je hebt bespaard
en gezorgd hebt voor een leuke reserve van ca. €40.000 tot
€50.000, dan is er niets aan de hand. En kun je ook als niet-
eigenwoningbezitter een beleggingspand erbij kopen met een
speciaal daarvoor ontworpen buy-to-let (verhuur) hypotheek. Maar
grote kans dat je als huurder veel minder ervaring hebt opgedaan
met het daadwerkelijk beheer en onderhoud van vastgoed. Want let
wel, een eigenwoningbezitter doet stiekem heel veel ervaring op

met beheer en onderhoud van vastgoed. In de jaren dat je een eigen huis hebt bouw je namelijk actief en onbewust een handig netwerk op. Met onderhoudsbedrijven, loodgieters, dakdekkers, klusjesmannen en andere handige contacten.

Vergeet niet dat je ook de locatie en de waarde van de omgeving waarin je woont aardig goed inzichtelijk hebt. De jaarlijkse WOZ-aangifte laat je al wennen aan basis taxatie principes. Ok, huurders houden misschien wel meer geld in hun zak en hebben ook zicht op gebruikersbelastingen, maar is dat in de praktijk echt zo? Alleen als ze er bewust mee om gaan. Geen kwaad woord over huurders hoor. Zij zijn immers de olie in mijn geldmachine. Zonder hen geen geldmachine. Maar ben je nu een huurder en herken je je in bovenstaande? Dan wordt het wellicht tijd om je reserves te evalueren en te bepalen hoe je die voor je aan het werk wil gaan zetten.

Moet je nog meer huizen kopen als je een eigen woning hebt? Nee, dat moet niet. Maar ik weet wel dat jij dat op dit moment overweegt. En waarom? Omdat je een beleggersmindset hebt ontwikkeld. En die stopt nou eenmaal niet als je ervaren hebt dat je zeer eenvoudig een extra inkomstenbron kan creëren met iets dat al van jou is en waarvoor anderen de aflossing betalen. Gratis geld bestaat niet? Echt wel!

SLIM AFLOSSEN Stap 5: koop nog meer huizen (voor verhuur)

Je bent nooit te oud om te beginnen

Ok, als je tot hier bent gekomen in je reis dan heb je al een aantal belangrijke zaken geregeld. Je hebt geen kredietschulden meer, een beleggersrekening die periodiek aandelen of ETF's koopt en een eigen woning met een slimme hypotheek waarop je aflost zodat je ieder jaar je spaarpotje in stenen vergroot en gratis geld aan het verdienen bent. Je bent letterlijk rijk aan het worden. Misschien is je leven helemaal prima zo. En denk je; "hee, maar als ik zo doorga en iedere maand een beetje beleg, ben ik straks miljonair op mijn 65e." Ja, dat is zo. Als je maar vroeg genoeg begint, dan heb je heel wat jaartjes om op te potten en op je 65e miljonair te zijn.

Wanneer je op je 20e begint te beleggen in een indexfonds met een jaarlijks rendement van 10%, dan hoef je nog geen €100 per maand in te leggen om op je 65e miljonair te zijn. En naarmate je later begint, wordt de benodigde inleg steeds groter omdat je tijdshorizon tussen je startleeftijd en je 65e steeds kleiner wordt. In onderstaande tabel kun je zien hoeveel jij maandelijks in zou moeten leggen in een indexfonds om op je 65e miljonair te zijn.

Maandelijkse inleg om op je 65e Miljonair te zijn

Leeftijd	Beleggingsfondsen		Indexfondsen	
	3%	6%	7%	10%
20	€ 876,91	€ 362,85	€ 263,67	€ 95,40
25	€ 1.079,84	€ 502,14	€ 380,98	€ 158,13
30	€ 1.348,50	€ 701,90	€ 555,23	€ 263,39
35	€ 1.716,04	€ 995,51	€ 819,69	€ 442,38
40	€ 2.242,11	€ 1.443,01	€ 1.234,46	€ 753,67
45	€ 3.045,98	€ 2.164,31	€ 1.919,66	€ 1.316,88
50	€ 4.405,82	€ 3.438,57	€ 3.154,95	€ 2.412,72
55	€ 7.156,07	€ 6.102,05	€ 5.777,51	€ 4.881,74

Tabel: maandelijkse inleg om op je 65^e miljonair te zijn

Misschien zakt de moed je nu in de schoenen en denk je: "ja, ho even. Ik ben al 40+ en ik heb echt geen €1.000 per maand over of zo. Laat staan bijna €5.000!" Denk dan even terug aan de eerste sectie. Wat is rijk voor jou? Begin gewoon met het maximale dat je kan missen. Is dat €100 per maand en ben je nu 40+, dan doe je er dus tot je 95^e over voor je miljonair bent. Is dat nou echt erg? Nee, natuurlijk niet.

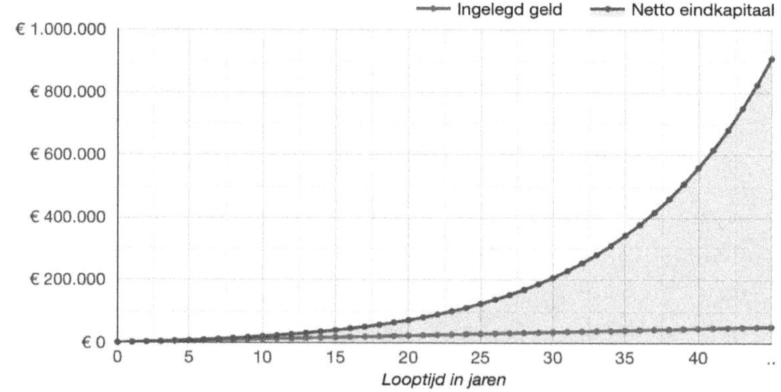

Bron: *www.berekenhet.nl* vermogensgroei bij €100 per maand inleg met 10% rendement

Je leeft tegenwoordig waarschijnlijk een stuk langer dan 65 jaar. En vergeet niet, je krijgt ook na je pensioendatum geld binnen en je kunt dus gewoon doorgaan totdat je sterft. Doe je het niet meer voor jezelf, doe het dan voor je nazaten. En geef hen bij leven een kickstart in hun vermogen of help ze met de aankoop van hun eerste huis.

Je mag je kinderen onder het Nederlandse belastingstelsel tot hun 40e nog steeds €100.000 belastingvrij schenken voor een woonhuis. Hoe cool is dat! Met gemiddeld 2 kinderen per gezin hoef je voor zo'n topkado eigenlijk maar €200.000 bij elkaar te beleggen. Dat heb je met €100 per maand al na 30 jaar bij elkaar. Kun je nagaan dat in die laatste 15 jaar er dan zo'n €800.000 bij kunnen komen als je het gewoon laat staan.

Miljonair zijn is niet het doel

Laten we vooropstellen dat miljonair zijn geen doel op zichzelf is. Het gaat om het genereren van extra geldstromen die je uitgaven dekken, zodat jij niet meer zo hard hoeft te werken. En is het dan nodig om een miljoen op de bank te hebben op je 65e? NEE, natuurlijk niet! Dat zou eigenlijk idioot zijn. Een miljoen op de bank kost je geld. Dat levert je niets op.

Waarom gaan we dan toch beleggen? Omdat beleggen de snelste manier is om een boost te geven aan je vermogen. En dat vermogen gebruiken financiers om voor jou een hefboom te creëren. Een hefboom? Ja, een hefboom! Want, je hebt niets aan geld dat alleen maar groeit om het groeien. We gaan dat geld dat we beleggen gebruiken om investeringen te kopen die veel meer geld opleveren dan dat ze kosten. En de nummer één bezitting die meer geld oplevert dan dat het je kost is vastgoed.

En dit is de reden waarom zoveel mensen die financieel vrij zijn, niet persé miljonair op papier zijn, maar wel cash in hun pocket hebben. Vastgoed staat aan de basis van hun vrijheid. Het zijn van kasstroomrijk is vele malen belangrijker dan het hebben van veel

vermogen. Degenen met een continue stroom aan geld (kasstroom)
hoeven namelijk niet iets te verkopen voordat ze geld vrij kunnen
maken om het uit te geven.

Een miljoen aan beleggingen klinkt leuk. Maar laten we wel wezen,
als het onvoldoende dividend betaalt of de dividendbetaling daalt
opeens, dan moet je kleine plukjes verkopen om je kosten te
dekken. Waardoor je weer vermogen verliest. En daarnaast moet je
ook nog vermogensbelasting betalen over het gehele uitstaande
bedrag. Terwijl als je vastgoed hebt, je ook een miljoen aan waarde
in stenen hebt, maar daar staan hypotheekschulden tegenover,
waardoor je vermogen op papier vele malen lager kan zijn. Dat is
veel fiscaalvriendelijker, want dan betaal je minder belasting over
diezelfde één miljoen in aandelen. En in tegenstelling tot dividenden
zijn huurinkomsten vooralsnog belastingvrij.

Maar veel belangrijker dan weinig belasting betalen is het feit dat je
met vastgoed daadwerkelijk iedere maand extra inkomsten uit huur
ontvangt die je vermogen én inkomen sneller laten groeien. En waar
je meer controle over hebt dan afhankelijk te zijn van
dividendbesluiten van de directie van de ondernemingen in je
aandelenportefeuille.

Omdat je bij vastgoedaankopen gebruik kan maken van een
hefboomfinanciering, heb je om één miljoen te lenen maar ongeveer
€270.000 eigen inbreng nodig. Met andere woorden, met €270.000
kun je door het slim inzetten van financiering-hefboomtechnieken
een miljoen in waarde verkrijgen én tegelijkertijd extra cashflow
creëren.

Ok, als je dat in één keer moet ophoesten dan is dat best veel geld.
Dat gaat natuurlijk niet lukken. Maar wat als ik je nou vertel dat je
helemaal geen zak geld van €270.000 nodig hebt om te beginnen.
En het minimale dat je hoeft te doen is €100 per maand, 12 jaar
lang beleggen tegen 10% per jaar. En een paar weekenden per jaar
een beetje spuug in de handen en zweet op het voorhoofd. Dan kun
je binnen 30 jaar een extra inkomen van €3.300 netto per maand

realiseren. Want het gaat niet om die miljoen euro, het gaat om de cashflow die het genereert!

Hoe dat werkt? We hebben eerder gezien dat je met €100 per maand in een 10% renderend indexfonds 45 jaar nodig hebt om €1.000.000 vermogen op te bouwen. In jaar 46 zet je dat miljoen om in tenminste 4% dividend uitkerende aandelen en dan geniet je vanaf het 46e jaar van een extra inkomen van €40.000 per jaar (€3.333 per maand).

Je kunt ook €100 per maand inleggen op dezelfde manier, maar zodra er na ongeveer 12 jaar €30.000 op staat, dan haal je die ervan af en gebruik je een financieringshefboom met factor 3x tot 5x om een beleggingspand van €100.000 te kopen. Dit pand gaat na aankoop maandelijks geld voor je genereren. Je hebt een slimme hypotheek die iedere maand meteen aflost, waardoor je vermogen opbouwt. De nieuwe huurinkomsten herbeleg je volledig in de index en dan bouw je weer op naar de volgende €30.000 en koop je weer een pand. De tweede, derde en iedere volgende opbouw gaat steeds sneller en sneller omdat je huurinkomsten bij iedere aankoop toenemen. Waardoor je op een gegeven moment ieder jaar een of meer panden kan kopen. Dat herhaal je totdat je €3.333 per maand aan netto-inkomsten hebt. Als je het rustig aan doet, dan doe je er 30 jaar over.

Het mooie is echter dat als je bereid bent om telkens je volledige huurinkomsten te herbeleggen, dat je meteen vanaf je eerste pand niet meer je eigen geld aan het inleggen bent. Effectief heb je dan over de hele periode van 30 jaar maar €14.400 eigen geld ingelegd om het equivalent van €1.000.000 te hebben.

Een cijfervoorbeeld is sprekender. Daarom is in bijlage 3 de keten zoals ik die hierboven beschrijf uitgewerkt in cijfers. In onderstaande tabel staan de uitkomsten van de cijferketen en het vergelijk tussen deze strategie en een strategie die alleen gebruik maakt van aandelen. Wanneer je vastgoed niets vindt en alleen in aandelen wil blijven, dan zul je tenminste 18% per jaar moeten halen om met een inleg van €100 per maand in 30 jaar €1.000.000 vermogen op te bouwen. Door aandelen slim te combineren met vastgoed hoef je maar 15% rendement te halen. Ondanks dat het meer werk lijkt, is het beleggersrisico 3% lager. Je hebt immers minder rendement nodig om hetzelfde doel van één miljoen te halen in 30 jaar.

Strategie	ETF 10%	Individuele Aandelen 18%	Aandelen 10% + Vastgoed 7%
Maandelijkse cashflow Target	€ 3.333,33	€ 3.333,33	€ 3.333,33
Cashflow Dividend Doelgetal	€ 1.000.000,00	€ 1.000.000,00	€ 1.000.000,00
Initiële inleg per maand	€ 100,00	€ 100,00	€ 100,00
Vermogen op papier	€ 1.000.000,00	€ 1.000.000,00	€ 415.000,00
Duur in jaren	45	30	30
Totaal eigen inleg	€ 51.711	€ 50.112	€ 14.400
Totaal rendement per jaar	10%	18%	15%

Tabel: uitkomsten vergelijk strategieën ETF, versus individuele aandelen vs. vastgoed + aandelen. Zie Bijlage 3 voor meer details.

Dus wat zegt het hebben van vermogen nou eigenlijk. Het zegt maar één ding. Je hebt laten zien dat je het kan laten groeien. Meer niet. Het zegt niet op welke manier het gegroeid is. En het zegt ook niet of het voor je aan het werk is of niet. Het zegt alleen; "de Belastingdienst krijgt er een deel van". Het is aan jou om te zorgen dat je dat met een lach of een traan betaalt. Ik ga voor de lach.

Leuker kunnen we het niet maken wel makkelijker

Het huidige belastingstelsel kent over het betalen van vermogensbelasting enkele criteria. Hieronder de tabel voor alleenstaanden. De drempel waarover je niets betaalt is €30.846. Komt je vermogen daarboven, dan wordt een fictief rendement aan je vermogen toegekend en over dat fictieve rendement betaal je belasting. Je vermogen wordt verdeeld over de schijven volgens de genoemde staffelbedragen.

Schijf	Vermogen	Fictief rendement	Belastingtarief 2020
0	€0 tot €30.847	1,789%	0,000%
1	€30.847 tot €72.798	1,789%	0,537%
2	€72.798 tot €1.005.573	4,185%	1,256%
3	vanaf €1.005.573	5,280%	1,584%

Tabel: Vermogensbelasting tabel box 3 2020 volgens de Belastingdienst

Het fictieve rendement is een inschatting van de Belastingdienst. Met name het woord fictief is belangrijk. Het is dus niet je echte rendement. Het is de beste inschatting van de Belastingdienst op basis van je vermogen. Omdat de Belastingdienst ervan uit gaat dat je op geen enkele manier met alleen sparen een miljoen of meer vermogen kan maken, gaan ze ervan uit dat je belegt. En daarmee tenminste een fictief rendement van 5,28% haalt. Dit is dus hoger dan het meest pessimistische scenario dat fondsbeheerders vaak afgeven, namelijk 4%.

De Belastingdienst verraadt eigenlijk al dat ze ervan uitgaat dat je een groot gedeelte zelf belegt en niet laat beleggen of alleen op de spaarrekening laat staan. En zo niet, dan weten ze dat ze met een fictief rendement van meer dan 5% bovengemiddeld belasten. De praktijk is echter dat ze weten dat mensen met meer dan 1 miljoen vermogen wel degelijk hogere rendementen halen dan het fictieve rendement. Sterker nog, ze verwachten dat mensen met verhuurd vastgoed tot tenminste 7% rendement maken. Want in de huurwaardetabel voor verhuurde panden stellen ze dat als je meer dan 7% rendement maakt, je 85% van de WOZ-waarde mag opvoeren. Dus de Belastingdienst geeft een sterke hint af dat ze weten dat het werkelijke rendement boven de 7% kan liggen.

De Belastingdienst maakt investeren leuk! En voor degenen die met vastgoed beginnen maken ze het ook steeds makkelijker. De slogan die ze hanteren; "Leuker kunnen we het niet maken, wel makkelijker", klopt dus als een bus! Het nog leuker maken zou inderdaad niet goed zijn voor de Staatskas. Maar wat hebben wij een geluk dat we een Belastingdienst hebben die ons eigenlijk dwingt om veel geld te verdienen door te gaan investeren! Want het moge duidelijk zijn; de Belastingdienst bestraft de inactieve sparende miljonairs en beloont de ondernemende investeerder. Kijk maar mee in onderstaande cijfervoorbeelden;

Type vermogen	Bedrag	Fictief rendement	Werkelijk rendement	Belastingtarief	Rendement	Belastinglast	Cash Effect
Cash	€ 30.846	1,789%	0,010%	0,000%	€ 3	€ -	€ 3
Cash	€ 41.952	1,789%	0,010%	0,537%	€ 4	€ (4)	€ 0
Cash	€ 927.202	4,185%	0,010%	1,256%	€ 93	€ (487)	€ (394)
Totaal Vermogen	€ 1.000.000						€ (391)

Tabel: Arme rijken model – jankend van salarisstrook naar salarisstrook hobbelen

De sparende miljonair heeft weliswaar 1 miljoen vermogen in de vorm van cash op de bank en voelt zich rijk, maar omdat hij er helemaal niets mee doet is zijn werkelijk rendement maximaal 0,01%. Hij lacht misschien van buiten, maar hij zou van binnen moeten huilen. De huidige spaarrente van 0,01% tot €1.000.000 levert hem niets op. Sterker nog, het kost deze miljonair €391. En dan is er niet eens rekening gehouden met het verlies van koopkracht door inflatiestijgingen. Want als hij niets doet, is die €1.000.000 een jaar later 2% minder waard als gevolg van inflatie. De boete voor niets doen is dan ook: inflatie betalen!

Nu zijn er mensen die denken dat dit allemaal achter de komma werk is voor een miljonair. Dat deze persoon zich niet druk hoeft te maken over dat beetje kosten ieder jaar. Daar kan ik kort over zijn. Als hij zich daar niet druk over maakt, dan smelt zijn vermogen als sneeuw voor de zon. En voor hij het weet heeft hij niets meer. Dit in tegenstelling tot de miljonair die zijn geld aan het werk zet.

Type vermogen	Bedrag	Fictief rendement	Werkelijk rendement	Belastingtarief	Rendement	Belastinglast	Cash Effect
Cash	€ 30.846	1,789%	0,010%	0,000%	€ 3	€ -	€ 3
Beleggingen uit aandelen	€ 72.798	1,789%	10,000%	0,537%	€ 7.280	€ (7)	€ 7.273
Beleggingen uit aandelen	€ 77.202	4,185%	10,000%	1,256%	€ 7.720	€ (41)	€ 7.680
AF: Hypotheek Beleggingspanden	€ (605.462)				€ -	€ -	€ -
BIJ: WOZ Beleggingspanden	€ 1.424.616				€ -	€ -	€ -
Saldo beleggingspanden	€ 819.154	4,185%	7,000%	1,256%	€ 57.341	€ (430)	€ 56.910
Totaal vermogen	€ 1.000.000						€ 71.866

Tabel: rijke rijken model – lachend ervoor kiezen om te gaan werken óf niet

Deze miljonair heeft ook 1 miljoen vermogen. Maar hij heeft zijn geld aan het werk gezet. Tuurlijk houdt hij een kleine cashreserve aan voor noodgevallen, maar de rest zit in beleggingen. In zowel aandelen als in verhuurd vastgoed. Door de mix van beleggingen die actief aan het werk zijn behaalt hij een werkelijk rendement van 10% op de aandelen en 7% op zijn vastgoed. Dit levert hem keiharde kasstromen op. Kasstromen waarover in BOX 3 in

Nederland (nog) geen belasting over geheven wordt. Dat lees je goed. Deze inkomsten zijn als het ware vrijwel geheel belastingvrij. En omdat het werkelijke rendement vele malen hoger is dan het fictieve rendement, kost het deze miljonair geen €391, maar levert het maar liefst €71.866 op! Snap je waarom deze miljonair lachend door het leven gaat?

Dit is het type miljonair dat je zou moeten willen zijn. Beiden zijn op papier 1 miljoen waard. Toch is de lachende miljonair degenen die niet van salarisstrook naar salarisstrook hoeft te rennen. Nee, die heeft zijn geld aan het werk gezet en pakt ieder jaar €71.000 netto. In wezen hoeft deze miljonair niet meer te werken voor geld. Hij kan ervoor kiezen om dat wel te doen. Hij kan er ook voor kiezen om dat niet te doen. En dat is het verschil tussen deze twee miljonairs. De lachende miljonair kan KIEZEN.

Eindigt de wereld in 2022 of...

De Belastingdienst is op het moment van schrijven bezig met een nieuw vermogensbelastingplan voor 2022. Het komt erop neer dat beleggers zwaarder belast worden dan spaarders, omdat het fictieve rendement het werkelijk rendement beter benaderd. Met andere woorden, als maar genoeg spaarmiljonairs gaan lopen huilen bij de Rijksoverheid dan krijgen ze hun zin. Als kleine kinderen die hun zinnetje afdwingen bij papa en mama. En iedereen met kinderen weet, als papa en mama hun kindjes te veel hun zinnetje geven, dan wordt niemand daar op lange termijn beter van.

Ondanks dat beleggers meer gaan betalen, laat de Belastingdienst ruimte voor beleggers om slim met vermogensposities om te gaan. Deze ruimte laten ze uiteraard omdat het helemaal dichttimmeren van speelruimte gepaard gaat met enorme administratieve lasten voor zowel de Burger als de Belastingdienst. De belangrijkste fiscale ruimte die ze laten, is dat ze nog steeds meten met één peildatum (1 januari) en daarmee de mogelijkheid geven tot peildatumarbitrage. Dat is in normale taal: het verkopen van je beleggingen ruim vóór 1 januari en het terugkopen na 1 januari van het kalenderjaar. Is dat nou echt nieuw? Nee, dat is het helemaal niet. Er waren al verschillende andere redenen om beleggingen op het jaareinde liquide te maken. En dat gebeurde ook. De Belastingdienst is niet gek. Natuurlijk weten ze dat peildatumarbitrage op grote schaal gebeurt. Ze hebben het woord nota bene zelf bedacht.

Hervorming box 3

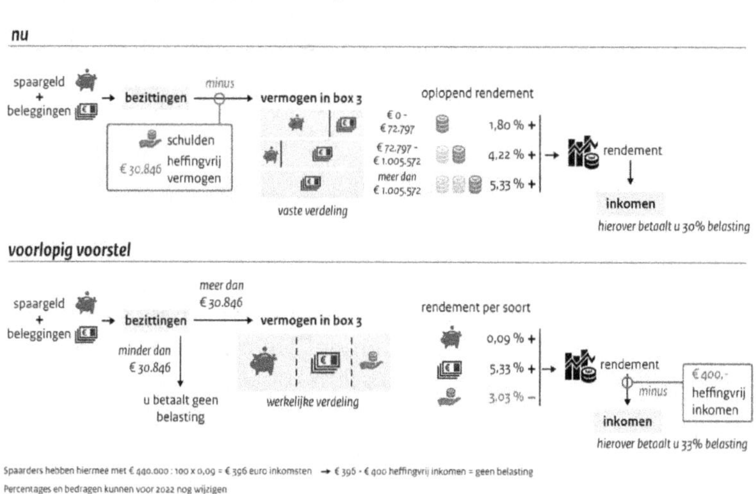

Bron: Rijksoverheid

Daarnaast is de Belastingdienst van mening dat de nieuwe regeling de beleggers die gebruik maken van hefboomfinancieringen 'prikkelt' om sneller hun schulden af te betalen. Een grotere denkfout kunnen ze niet maken. Dit is namelijk niet het gedrag van beleggers die daadwerkelijk beleggen, maar wel het gedrag van spaarders die niet weten hoe ze moeten beleggen of financieringen effectief moeten inzetten.

Dit is een denkfout die vastgoedbeleggers niet maken. Noch zich
zorgen over maken. Namelijk, als de kosten stijgen, dan leggen ze
die hogere kosten simpelweg door in de kale huur of andere
huurbestanddelen aan de huurder. En omdat vastgoedbeleggers
zich tenminste twee jaar kunnen voorbereiden op de aankomende
wijziging heeft de verstandige belegger allang berekend dat het
effect van vermogensbelasting eenvoudig opgelost kan worden door
vanaf 2020 de huur voldoende te indexeren. En zowel in de
geliberaliseerde huursector (vrije huursector) als de niet-
geliberaliseerde huursector (sociale huursector) voorzien de huidige
indexatieregels in meer dan voldoende mate om de huren ver boven
de benodigde extra last te verhogen. Dus laat je niet afleiden door
de rechterhand die een beetje meer neemt wanneer de linkerhand
je veel meer aanreikt.

Geen vastgoedbelegger liet indexeren na in het verleden, en geen
vastgoedbelegger laat dat na in de toekomst. Ook hier geldt weer…
wees een lachende miljonair en laat anderen de rekening betalen.
En de sparende miljonairs die een kortetermijnwinst behalen?
Natuurlijk lachen die eventjes. Maar de maatregel beschermt hen op
de lange termijn niet. Hun geld is immers niet aan het werk. En hoe
langer het niets doet, hoe meer het minder waard wordt door inflatie.

Arme Rijken, Rijke Rijken

De huilende miljonair is weliswaar rijk, maar op een arme manier. Ik
noem het de 'arme rijken'. Zij zijn rijk in vermogen, maar zullen niet
de rijkdom ervaren van echt kunnen kiezen wat je doet met je tijd.
Zij hebben al hun tijd nodig om hun vermogen in stand te houden.
Zij leven in continue angst om alles kwijt te raken. Ze moeten het
inflatiebeest blijven voeden, want anders eet het alles op. Als een
hongerige kat die de bange muis blijft opjagen die iedere dag zijn
eigen kaas moet stelen! Hap hap hap! En weg is je geld!

De lachende miljonairs noem ik daarom de 'rijke rijken'. Zij zijn niet
alleen rijk in vermogen, maar ook in 'cashflow'. Hun vermogen levert
daadwerkelijk met vaste regelmaat keihard geld op. En sterker nog,
hun vermogen doet dat zonder dat de miljonair daar zelf heel veel

aan hoeft te doen. Hij kan zijn tijd besteden naar believen. Het inflatiebeest zit bij hem heerlijk op schoot. Als een spinnende tevreden kat. Geduldig kopjes gevend aan het baasje tot het volgende maaltje geserveerd wordt. Dit type miljonairs hebben in ieder geval meer keuzes. Zowel in besteding van tijd als in geld. En leven niet in angst om alles kwijt te raken wanneer ze niets doen, maar juist in vreugde door zoveel mogelijk te geven. Omdat het kan. Niet omdat het moet.

SLIM AFLOSSEN Stap 6: Los schulden van verhuurd vastgoed af

Kleine stapjes, grote veranderingen

De lachende miljonair gaat dus op een slimme en fiscaal vriendelijke manier schulden aan. Namelijk schulden die meer opleveren dan ze kosten. Waarom dan toch aflossen? Herinner je je nog dat we bij het investeren in vastgoed kozen voor een lineaire of annuïtaire hypotheek? Dat doen we niet voor de lol. In vrijwel alle gevallen is het ook een vereiste vanuit de financiers voor verhuurd vastgoed. De eis van financiers is veelal dat tot tenminste 50% van de marktwaarde in verhuurde staat wordt afgelost. Eigenlijk is deze stap al geregeld bij het aangaan van een hypotheek. En hoef je je hier verder niet meer druk om te maken. Tenminste, als je pas na 30 jaar financieel onafhankelijk wil zijn en in de tussentijd meer dan gemiddeld risico wil lopen op onderbrekingen in je maandelijkse geldstroom. Ik zal het je uitleggen.

> *"Grote veranderingen komen tot stand door kleine stapjes te nemen richting je doel"*
> *– Robert Maurer – de kunst van Kaizen*

Er zijn twee manieren om je financiële onafhankelijkheid met vastgoed te bereiken:

1. Je koopt eenmalig een pand waarbij je bruto huuropbrengsten minus onderhoud even groot of groter zijn dan je <u>verwachte toekomstige</u> uitgaven. Je lost met je huuropbrengsten de hypotheek af. En vanaf het moment dat je hypotheek volledig is afgelost, is alle huur minus het onderhoud voor jou en ben je in één keer financieel onafhankelijk over 30 jaar.

2. Je koopt meerdere malen een pand in een periode van 30
    jaar waarbij je gezamenlijke bruto huuropbrengsten minus
    onderhoud even groot of groter zijn dan je <u>huidige</u> uitgaven.
    Je lost met je huuropbrengsten de hypotheek af en met
    eventuele extra inkomsten los je óf sneller een lopende
    hypotheek af óf je gebruikt het als herbelegging om nog een
    pand te kopen om je inkomende geldstroom verder te
    verhogen. Op deze manier kom je in kleinere en snellere
    stapjes steeds dichterbij je financiële onafhankelijkheid. Bij
    volledig herinvesteren van nieuwe huuropbrengsten in je
    aandelen- of vastgoedportefeuille maak je optimaal gebruik
    van het rente-op-rente effect.

Het voordeel van de eerste manier is natuurlijk dat je maar één keer
iets hoeft te doen en daarna op je lauweren kan rusten. Mits de
nadelen van deze manier niet optreden. Het grootste nadeel van het
hebben van maar één beleggingspand is dat wanneer er (tijdelijke)
leegstand optreedt, je de kosten van leegstand uit eigen zak zal
moeten dekken. Dit kan vervelend uitpakken, omdat je dit dan uit je
privé spaarpot zal moeten doen. Je hebt immers geen andere
panden waarover je de kosten kan uitsmeren. Je hebt dan ook geen
volume voordelen en eventuele kosten van onderhoud en beheer
kunnen niet gespreid worden over meerdere woningen. Je wordt,
om de kosten te drukken, ook bijna gedwongen om veel zaken zelf
te doen. Het loont zich immers niet om bijvoorbeeld verhuurbeheer,
waaronder contractbeheer en contact met de huurder uit te
besteden aan een verhuurmakelaar.

Omdat je veel zelf doet én niet met enige regelmaat klussen kan
aanbieden aan klusjesmannen, mis je de kans om lucratieve
samenwerkingen aan te gaan met loodgieters, timmermannen,
klusjesmannen, bouwmaterialen bedrijven, makelaars en financiers.
Waardoor je ook niet eenvoudig gebruik kan maken van
waardevolle netwerk contacten om betere deals te kunnen sluiten.
Tenslotte is jouw toekomstige onafhankelijkheid één op één
afhankelijk van de snelheid van de aflossing van je hypotheek. Dus
pas wanneer je hypotheek na dertig jaar volledig afgelost is, als je al

volledig aflost, pluk je de volledige vruchten van je belegging. Op zich is dat niet erg, als het je doel is om pas over dertig jaar een appeltje voor de dorst te hebben en in de tussentijd gewoon te blijven werken.

Dit komt eigenlijk best vaak voor. Misschien herken je jezelf hierin of mensen in je omgeving. Wanneer je ervoor zorgt dat je ieder jaar de maximale extra aflossing doet, dan kun je wellicht al in minder dan tien jaar volledig hypotheekvrij zijn. Dan kun je dus twintig jaar eerder gaan genieten van de volledige inkomsten. In die tien jaar dat je extra aflost, zul je dan wel je uitgavenpatroon hierop moeten aanpassen. Met andere woorden, tien jaar lang op hetzelfde leefcomfortniveau blijven. Op zich niet erg, maar in de praktijk niet altijd reëel. Want overwegend overschatten mensen wat ze in één jaar kunnen bereiken en onderschatten ze wat ze in tien jaar kunnen bereiken. Oftewel, de kans dat je in een periode van tien jaar ergens in je leven tussen begin 20 en eind 50 meerdere malen een levensgebeurtenis meemaakt met een financiële impact is vrij groot. Denk bijvoorbeeld aan trouwen, kinderen krijgen, scheiden, sterfgevallen, erfenissen, nieuwe studie voor jezelf of kinderen, carrière wissel, sabbatical, droomreis, tweede partner en ga zo maar door.

De kans dat je je leefcomfort dus op hetzelfde niveau kan houden als toen je begin 20 was, of begin 30, of begin 40 ten opzichte van het tiende jaar erna is eigenlijk niet realistisch. Er is een flinke dosis zelfdiscipline nodig om braaf ieder jaar 10% extra op je hypotheek af te lossen van misschien wel 100-, 200-, 300-, 400- of 500-duizend euro. Sta er even bij stil dat dat ergens tussen de €10.000 tot €50.000 extra aflossing per jaar is. Bovenop je reguliere aflossing van je eigen woninghypotheek. Is dat niet zonde?

Misschien ben jij degene die die discipline wel heeft, maar hebben je huidige of toekomstige partner of gezinsleden dat ook? Omdat 95% van de wereldbevolking niet financieel onafhankelijk is, kunnen we wel stellen dat het grootste deel van de mensen deze discipline niet heeft. En als ze die wel zouden hebben, alsnog liever kiezen om geld uit te geven aan meer leefcomfort nu, dan aan mogelijk

meer vrijheid straks. Kijk maar om je heen. Hoeveel mensen in jouw
directe omgeving zouden een dergelijke zak geld niet meteen aan
een dure vakantie verkwisten in plaats van het te gebruiken om
extra af te lossen óf het echt te investeren?

Ik weet in ieder geval al één ding over jou. Jij doet dat niet (meer)!
Laten we overigens het grootste nadeel van het kopen van maar
één pand niet vergeten. Stel dat je meteen zo'n €50.000 aan netto
jaarinkomen over 30 jaar wil veiligstellen, dan zul je vandaag met
een goede €450.000 eigen geld op de proppen moeten komen om
een dergelijk groot pand te kunnen kopen. Voor veel mensen is dit
simpele feit eigenlijk al een onhaalbare kaart.

We kunnen wel stellen dat de voordelen van de eerste manier niet
opwegen tegen de vele nadelen. Ik kan natuurlijk alle voordelen van
de tweede manier opnoemen, maar samengevat komt het erop
neer: als je bewust de keuze maakt om meerdere malen een
behapbare investering te doen met ongeveer €20.000 tot €40.000
per keer en alleen koopt wanneer een aantoonbaar positief
rendement gerealiseerd kan worden, dan bereik je vele malen
sneller een extra bron van inkomsten. Zonder dat je tien jaar lang je
groei in leefcomfort hoeft te temperen. Sterker nog, 3 x modaal is
voor jou al binnen 15 jaar bereikt. En hoe langer je jezelf de tijd
geeft, hoe groter dit inkomen kan worden. Stel dat je ieder jaar
€100.000 financiering kan krijgen en een beleggingspand kan
kopen met een rendement van 7% en je kan dat 30 jaar lang ieder
jaar doen, dan kan je een extra netto jaar inkomen genereren van
€268.000 per jaar. Dat klinkt al een stuk beter!

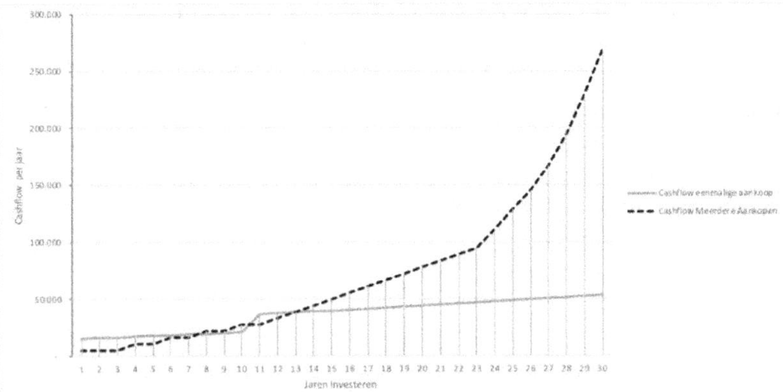

Afbeelding: cashflow groei eenmalige aankoop versus meerdere kleine aankopen. Uitbraak ontstaat al na het 14e jaar.

En daarom gaan we slim aflossen. Dus niet aflossen om af te lossen, maar aflossen om een optimale balans tussen stenen en geleend geld te krijgen. Zodat we in een kort tijdsbestek met relatief weinig geld kunnen opschalen naar meerdere panden. De snelheid waarmee je kan opschalen bepaalt natuurlijk ook de groei in inkomen. Zoals eerder genoemd, zijn er private beleggers in de Top 300 die in minder dan 40 jaar tijd meer dan 5.000 panden hebben weten te kopen. In de bovenstaande grafiek wordt in het 15e jaar ongeveer €50.000 per jaar aan netto-inkomen bereikt met behulp van slechts 9 verhuurde woningen. En in 30 jaar tijd groeit dit scenario uit naar 48 panden. Op een gegeven moment is je grootste uitdaging niet meer de financiering, maar het vinden van panden die voldoen aan jouw voorwaarden. Want er zijn maar een paar knoppen waar je effectief aan kan draaien om je beleggingspand positief te laten renderen. Zowel vóór de koop, als tijdens de periode van bezit. Het zijn er eigenlijk maar vier:

1. de koopsom;
2. de financieringsrente;
3. de financieringslooptijd;
4. de huur.

Ik zal zo uitleggen waarom dit de vier belangrijkste knoppen zijn en in welke fase. Maar eerst een kort introductie in enkele veelgehoorde termen. In vastgoedland vinden ze het heel interessant om voor particuliere woningen termen te gebruiken als BAR, NAR en LTV. Maar wat betekenen die termen eigenlijk en wat kun je ermee? Nou, eigenlijk kun je er niet zoveel mee. Behalve weten dat dit indicatoren zijn die je een idee geven of je dieper moet graven of niet.

BAR, NAR, LTV, NCW (DCF)

De BAR is het bruto-aanvangsrendement. Met andere woorden, de huidige huursom van het eerste jaar gedeeld door de totale investering. Het vertelt je eigenlijk wat je toekomstig potentieel is als je pand volledig hypotheek en onderhoudsvrij is. Dit is echter niet eenvoudig in te schatten en dus gebruiken beleggers het meer als een richting voor verder onderzoek. Overwegend zoeken beleggers naar objecten met een BAR boven de 10%. Want dan weten ze dat na exploitatiekosten de kans groter is dat ze een 7% netto aanvangsrendement hebben, de NAR.

De NAR is het netto-aanvangsrendement. Met andere woorden, de huidige huursom van het eerste jaar minus de verwachte exploitatiekosten, gedeeld door de totale investering. Het vertelt je eigenlijk of er voldoende ruimte is voor een financiering en hoeveel die financiering dan ongeveer per jaar of per maand mag kosten. Ook hier proberen beleggers objecten te vinden met een NAR boven 10%, maar de interesse wordt al gewekt bij een NAR boven de 7%. Want dit is het fictieve rendement dat ook verondersteld wordt door de Belastingdienst, dus waarom scannen op een lager rendement? Daarnaast blijft er dan genoeg over om de rente en aflossing van ongeveer 6% à 7% van de hoofdsom te kunnen betalen. De Autoriteit Financiële Markten (AFM) houdt een rekenrente aan van 5%. Ondanks dat het slechts een rekenrente is, zullen veel financiers de 5% als richtlijn aanhouden om de totale kosten van rente en aflossing van de financiering te balanceren. Veelal kijken ze naar de NAR en zorgen ze ervoor dat ze eronder blijven. Want als jij wint, winnen zijn ook. Hun verdienmodel is immers geld uitlenen. Dus waar mogelijk of interessant zullen ze dat ook doen. Hoe groter de financieringsaanvraag, hoe interessanter het voor hen wordt. Overwegend is het eenvoudiger om een financiering van €1.500.000 of hoger te verkrijgen dan een financiering van €100.000. De kosten van administratie wegen nou eenmaal niet op tegen de verdiensten uit rente-inkomsten. Dus zodra je de mogelijkheid hebt; GA GROOT!

Met een NAR van 7% als uitgangspunt kun je ook sneller berekenen dat een lening van €100.000 je ongeveer €600 per maand kost (€100.000 x 7% = €7.000 per jaar/ 12 = €583 per maand = ongeveer €600 per maand). Wanneer je dan weet dat je een kale huur boven de €600 per maand kan krijgen dan zit je goed. Of andersom, als je weet dat je bijvoorbeeld €1.000 per maand kan krijgen, dan is het niet handig om een koopsom te hebben die veel hoger ligt dan €200.000. Wel zo handig als je even snel wil rekenen of iets rendabel is als je de markt aan het afstruinen bent. Let op, de hoofdsom van de lening ligt in veel gevallen lager dan de koopsom van de woning en is afhankelijk van de Loan-to-Value vereisten van de financier.

De Loan-to-Value (LTV) is het percentage waarin de leensom wordt afgezet tegen de koopsom. Wanneer de LTV-vereiste 70% is, dan krijg je voor een pand met een koopsom van €100.000 maar €70.000 (70%) van de financier. De overige €30.000 (30%) zul je uit eigen zak moeten betalen of moeten kunnen vrijmaken uit overwaarde op je woning. Stel dus dat jij vindt dat je totale lening voor een pand maximaal €200.000 mag zijn, omdat je een maximale huur van €1.200 kan krijgen, dan kun je dus bieden tot €285.000 (€200.000/ 70 x 100). Je moet die €85.000 dan wel uit eigen middelen of overwaarde kunnen opbrengen.

Koopkracht is optimaal bij een LTV van 50%

Wellicht vraag je je af, waarom financiers eigenlijk vereisen dat je een eigen inbreng van 30% moet inbrengen en waarom je tot 50% moet aflossen. Het lijken nieuwe vereisten, maar dat zijn het eigenlijk niet. Toen in de jaren '80 eind vorige eeuw het fenomeen van de hypotheekrente aftrek werd geherintroduceerd werden de regels voor financiering voor woningen voor eigen bewoning versoepeld. Dat dit geleid heeft tot ongewenste situaties heeft de bankencrisis van 2008 bewezen. Om die reden zijn in 2013 de vereisten voor het verstrekken van hypotheken voor woningen teruggebracht naar de strengere eisen die ook voor de jaren '80 al golden. Namelijk, je brengt een deel eigen geld mee. De bank en jij spreiden gezamenlijk het terugbetalingsrisico.

Het verstrekken van nieuwe 100% aflossingsvrije hypotheken is niet meer toegestaan. Deze maatregelen hebben drempels opgeworpen voor met name starters op de markt na 2013. Echter, voor beleggers zijn deze regels niet persé nieuw. Ze bestonden al, maar zijn extra benadrukt na 2013. Financiers willen dat je slim leent.

Slim lenen betekent voor hen ook in beweging blijven. En om te zorgen dat je in beweging blijft, is er gekozen om bij aanvang een LTV van 70% te vragen en te verlangen dat er tenminste wordt afgelost naar een LTV van 50%. Het voordeel van deze afspraken is dat ze voor hun beleggende klanten optimale koopkracht creëren om door te kunnen pakken in het opschalen van vastgoed.

Bij een LTV van 50% is de koopkracht optimaal en dat is dus het beste moment om een uitbreiding te overwegen. Naarmate het aantal woningen en de omvang van huurinkomsten stijgen, wordt het punt van LTV 50% steeds sneller bereikt, waardoor steeds sneller met steeds minder risico voor zowel financier als belegger uitbreidingen gefaciliteerd kunnen worden. Dit leidt tot een win-win situatie voor zowel de financier als de belegger. De financier kan leningen tegen gunstige rentes blijven verstrekken (winst is rente) en de belegger kan steeds meer geldstromen vergaren tegen steeds goedkopere leningen (winst is netto huur).

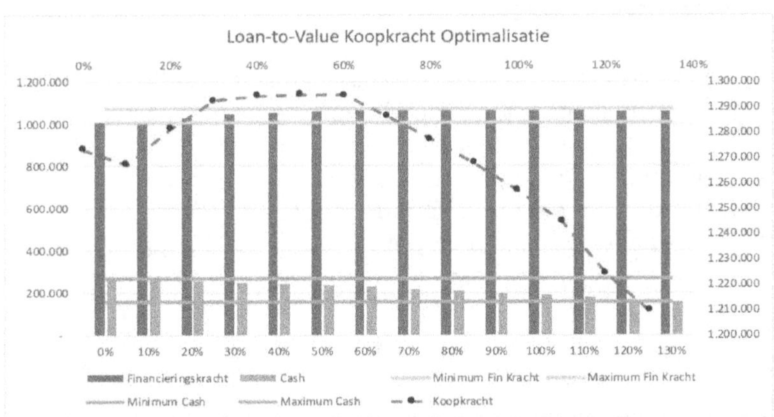

Grafiek: de koopkracht om op te schalen is optimaal bij een LTV van 50%

Het is vanuit zowel de belegger als de financier eigenlijk niet slim om een LTV lager dan 50% of hoger dan 70% te laten bestaan. Wat erop neer komt dat je slim aflost in een meetbare range:

- Heb je een LTV afgesloten boven 70% → Los af tot 50%
- Heb je afgelost tot onder 50% LTV → Leen fiscaal vriendelijk bij tot 70%
- Waar mogelijk herbalanceer ieder jaar de LTV naar 50% van de portefeuille waarde

Daarnaast moet je op nog een extra aandachtspunt letten. Het uitgangspunt voor de Loan-to-Value berekening is niet de vraagprijs van de verkoper of de koopsom die jij hebt uit onderhandeld. Nee, de basis voor de berekening is de marktwaarde in verhuurde staat. Met andere woorden, de waarde die een onafhankelijk taxateur vaststelt door alle verwachte huurstromen in de toekomst terug te rekenen naar de waarde die die huurstromen vandaag waard zijn. Dat noemen ze een netto contante waarde (NCW) berekening. Of in het Engels een Discounted Cashflow (DCF) Calculation. De term DCF wordt vaker gebruikt dan NCW. Voornamelijk omdat veel financiers internationaal opereren en Engels internationaal gezien de voertaal is.

Snelle koopsom berekening

- Ik pak het zelf als volgt aan als ik de markt snel wil scannen:
- Ik weet hoeveel geld ik in portemonnee heb.
- Ik deel het door 70
- Ik vermenigvuldig het met 100
- Dat is de som die ik kan lenen
- Daar haal ik 2% kosten koper af
- En dat is de marktwaarde in verhuurde staat die ik kan betalen

CASH / 70 x 100 = Max Koopsom x 0,98 = IJkpunt Marktwaarde in Verhuurde Staat

Idealiter zoek je dus net zo lang totdat je een woning vindt waarin het verschil tussen de marktwaarde in verhuurde staat en de vraagprijs van de woning minimaal is of waarbij de marktwaarde in verhuurde staat veel hoger is dan de vraagprijs. Maar hoe weet je nou wat de waarde in verhuurde staat is. En kan je eigenlijk wel een woning vinden waar de waarde in verhuurde staat veel hoger is dan de vraagprijs? Ja dat kan. Maar dan moet je weten aan welke knoppen je echt kan draaien. En dat zijn dus niet de BAR, NAR en LTV. Maar een goed begrip van de NCW (DCF) gaat je wel helpen om de juiste knoppen te vinden.

De knoppen zijn al eerder benoemd. Namelijk de vier knoppen waar we mee begonnen. De koopsom, de financieringsrente, de looptijd en de huurprijs. Dit zijn namelijk ook de uitgangspunten voor berekening van de NCW (DCF). Laten we ze doornemen en kijken in welke fase van het proces je ze kan beïnvloeden.

Klein spoileralert, er is maar één knop waar je tenminste eenmaal per jaar aan kan draaien tijdens de duur van het bezit. Alle anderen kun je alleen beïnvloeden als je dat bij de start doet. Dus de voorbereiding op een goede start is waanzinnig belangrijk. En dat is meteen ook het enige moment waar je alle winst pakt. Het rendement zit net als bij aandelen in het koopmoment. Nooit in het verkoopmoment.

De 4 draaiknoppen

De huurprijs

We beginnen met de huurprijs. Een goed begrip van de totale huur of de huur per vierkante meter in een bepaalde locatie die je kunt vragen is het meest belangrijkste element om de waarde in verhuurde staat te kunnen bepalen. Het maakt niet uit wat voor type woning je gaat kopen, zolang je maar weet hoeveel huur je ervoor kan krijgen. Want de huur die je vandaag kan vragen bepaalt meteen ook al toekomstige geïndexeerde huurstromen. Een indicatie van de huurprijs per vierkante meter op een locatie kun je eenvoudig achterhalen op de website van Pararius (www.pararius.nl). Dit is het grootste woonplatform van Nederland. Het vinden van huurprijzen is eenvoudig. Tik de stad, wijk of straat in waar je wil gaan kopen en bepaal op basis van de gevonden huurwoningen wat op dit moment een 'normale' huurprijs is.

Fast Value Formula

Als je nou snel op je rekenmachine wil uitrekenen wat ongeveer de marktwaarde in verhuurde staat zou kunnen zijn, zonder een ingewikkelde NCW/DCF berekening uit te voeren, dan is het handig om uit te gaan van het fictieve rendement van 7% dat de Belastingdienst ook hanteert en als volgt de waarde te bepalen:

Huur x 12 x 100 / 7 = inschatting waarde bij 7% fictief rendement

Voorbeeld: bij een verwachte huur van €800 per maand is de inschatting

van de marktwaarde in verhuurde staat afgerond €137.000.

€ 800 x 12 x 100 / 7 = € 137.143

Als de vraagprijs dan op of onder die waarde ligt, dan heb je een interessant object gevonden om verder te onderzoeken. Ligt de vraagprijs boven die waarde, dan zul je moeten bepalen of het binnen de mogelijkheden ligt om de vraagprijs te verlagen of het verschil te dekken met eigen geld. Of je moet akkoord gaan met een lager rendement dan 7%. Dit is echter niet aan te raden. Houd gewoon vast aan de minimale 7% bij initiële selectie.

Alleen varen op een huursom per maand is natuurlijk niet verstandig. Want er is een verschil tussen €700 per maand krijgen voor een woning van 100m2 en een woning van 45m2. De huurprijs van de woning van 100m2 (€7 per m2) ligt significant lager dan die van 45m2 (€15 per m2). Want als je woningen gaat zoeken, dan zul je erachter komen dat het aantal bewoonbare vierkante meters bepalend is voor de huursom van een woning. Het mooie is dat je op www.Pararius.nl ook snel een beeld kan krijgen van de gemiddelde vierkante meter prijs door simpelweg de huurprijzen te delen door het aantal genoemde vierkante meters. De huurprijzen per vierkante meter kunnen in een stad, wijk of straat behoorlijk uiteenlopen. En ook de doelgroep die je kiest kan bepalend zijn voor de huurprijs per vierkante meter die je kan vragen. Daarom is het belangrijk dat je een locatie kiest die je goed kent, waar jij voldoende kennis van hebt of van kan opbouwen. En dat je van tevoren bepaalt aan wie je wilt gaan verhuren. Zodat je weet welke type panden nader onderzoek vereisen en welke niet. Stel, je wil aan studenten gaan verhuren in een grote studentenstad, dan is de kans groot dat je een hogere vierkante meterprijs kan vragen in verband met schaarste. Echter, stel dat je op enig moment besluit om de studenten in te wisselen voor bijvoorbeeld midcareer mensen, dan zul je merken dat hoge huurprijzen per vierkante meter veel minder geaccepteerd worden door je nieuwe doelgroep. Het kan zomaar zijn dat je eerst €20 per vierkante meter kon vragen, maar na wisseling nog maar €12 per vierkante meter. Omdat je opeens huurders hebt die niet omhoog zitten voor woonruimte en wel uitzoeken hoe de puntentelling bij de Huurcommissie werkt. Een aanpassing in je huurprijs per vierkante meter heeft dan opeens een significante impact op je verwachte toekomstige geldstromen en daarmee de marktwaarde in verhuurde staat.

Niet indexeren is Financiële Zelfmoord

Inderdaad, een verlaging van de huurprijs betekent direct een verlaging van de waarde van je pand. Als je vergeet de huur te indexeren, dan verlaag je dus de waarde van je pand. Want de inflatie gaat wel omhoog maar je huur niet. Je vernietigt effectief waarde. Dus de huur niet indexeren omdat je huurder zo zielig is, betekent dus dat je financiële zelfmoord aan het plegen bent. En dat willen we niet. Hoe zielig ook, we verhogen altijd tenminste met de inflatie. Het is niet erg om gul te zijn of om je huurders wat financiële ruimte te gunnen. Maar we hoeven niet de barmhartige Samaritaan uit te hangen. En die gaf overigens ook niet meer weg dan hij zelf had.

Zie het maar zo, als jij verzuimt 2% per jaar te indexeren dan geef je mooi €0,20 voor iedere €1 cadeau. Dat klinkt niet veel, maar over een periode van 30 jaar is dat €8,11 voor iedere €1 per maand. Stel dat je huurder €1.000 per maand aan jou betaalt, dan geef je hem over een periode van 30 jaar €8,11 x 1000 x 12 = €97.400 cadeau. Geen wonder dat jij de beste huurbaas ooit bent. Het is pure kapitaalvernietiging wanneer je het doet. En jij kan die €0,20 op de €1 veel beter aanwenden natuurlijk. Met een rendement van 7% kun jij van die €0,20 makkelijk €24 maken. Dat zou dan opeens €24 x 1.000 x 12 = €288.000 over 30 jaar zijn. En doe dat maal een factor 3 voor een financieringshefboom en je kan over 30 jaar €864.000 meer lenen. Dat zijn ongeveer acht woningen!

Niet jaarlijks indexeren is dus nog veel erger dan je in eerste instantie had gedacht. Je verliest geen €97.400 aan koopkracht, maar geeft €864.000 aan koopkracht weg. Dat is een behoorlijk grote prijs om te betalen voor het verzuimen van de jaarlijkse indexatie en het niet begrijpen van de effecten van het rente-op-rente effect. En dat met maar 20 cent per maand. Einstein zij daarover: *"Degene die het begrijpt, verdient het. Degene die het niet begrijpt, betaalt het"*. En nu begrijpen jullie het ook.

De duurzaamheid van de huurprijs is dus de belangrijkste knop die je zou moeten toetsen voor je waardebepaling en het bepalen van je maximale bod. Kijk goed naar de kwaliteit van de huurders die er op dat moment in zitten. Want met een onjuiste inschatting van de huurprijs bij wisseling naar nieuwe of andere type huurders kun je behoorlijk de bietenbrug op gaan. En nooit verzuimen: jaarlijks indexeren met inflatie!

De koopsom

Nadat je de huurprijs per vierkante meter hebt bepaald en een richting hebt voor de marktwaarde in verhuurde staat, heb je ook een goed beeld van wat een goede koopsom in jouw regio voor een pand kan zijn. Bij voorkeur ligt de koopsom 20% tot 30% onder de marktwaarde in verhuurde staat. Dit is overwegend niet het geval, maar ook de huizenmarkt wordt met enige regelmaat getroffen door een grote marktcorrectie. Waardoor de huizenprijzen tijdelijk lager zijn dan de waarde. In algemene zin is het zo dat wanneer de rente op de kapitaalmarkt laag is, de vraagprijzen van woningen relatief hoog zijn. Dit heeft te maken met het feit dat mensen dan goedkoop geld kunnen lenen, waardoor ze meer geld kunnen vragen voor dezelfde maandlast. En vice versa bij een hoge rente zijn de vraagprijzen laag omdat mensen het anders niet kunnen betalen. Voor een belegger is de onderliggende waarde niet afhankelijk van de rente, maar van de huurprijs ontwikkeling. En die stijgt ieder jaar zolang er een tekort aan woningen bestaat op de huizenmarkt.

Kunstmatig tekort aan woningaanbod

Het huidig tekort aan woningen wordt door de overheid in stand gehouden op basis van statistische gegevens van de Nederlandse demografie. Het is goed om te beseffen dat ruim 80% van de woningen in Nederland eigendom is van professionele woning- en woningbouwcorporaties en institutionele vastgoedbeleggers (pensioenfondsen, overheid, verzekeringsmaatschappijen) die tienduizenden woningen en grondkavels beheren en exploiteren. Deze groep professionele spelers dient zich vanwege hun maatschappelijke belang te houden aan beleidsrichtlijnen, uitgezet door het Ministerie van Volkshuisvesting, Ruimtelijke Ordening en Milieubeheer.

Eigenlijk is het goed te vergelijken met de grote institutionele beleggers op de aandelenbeurs. Die hebben zich ook te houden aan strikte kaders in verband met de macro economische belangen die ze helpen beschermen. Ook in het vastgoed is de kleine belegger in het voordeel, omdat de kleine particuliere belegger veel minder te maken heeft met de strenge regels die gelden voor institutionele beleggers. Klein is onder de 10.000 woningen. Dus zo klein is klein nou ook weer niet.

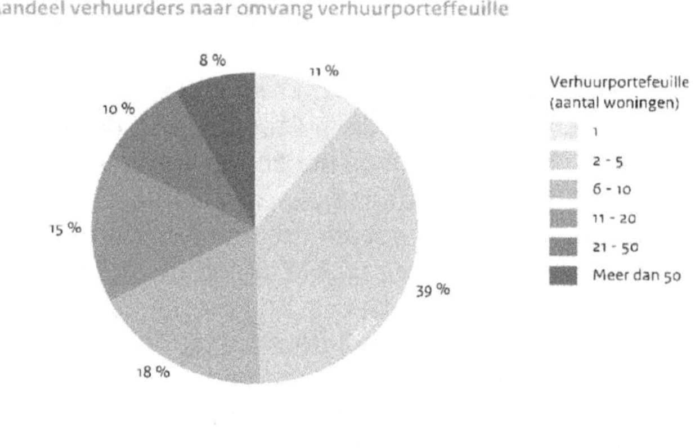

In Nederland zijn er ongeveer 300.000 particuliere verhuurders actief. Volgens het Planbureau Leefomgeving zijn er in Nederland ongeveer 22.000 (8%) particuliere beleggers met meer dan 50 panden. Het gros (50%) van alle particuliere beleggers heeft maar 1 tot 5 panden als appeltje voor de dorst. Je speelt dus eigenlijk al mee met de 'grote' particuliere jongens als het je lukt om meer dan 6 verhuurde woningen in portefeuille te krijgen. En wil je de Top 300

in komen, dan zul je moeten opschalen naar tenminste 90
woningen. Geen zorgen, je hoeft dit niet actief na te streven in één
mensenleven. Want de meeste Top 300 beleggers hebben de basis
verkregen uit overerving van één of meerdere generaties en hebben
daarop doorgebouwd. Na 2014 is het minder makkelijk geworden
om financiering aan te trekken. Maar goed, wie wil groeien wordt
vanzelf creatief. EN-EN denken! Het kan wel, want zo'n 5.000
particuliere beleggers die na 2013 zijn begonnen hebben meer dan
50 panden weten te schaken. En dus kan jij dat ook. Alleen moet je
het dan niet passief benaderen.

Terug naar het kunstmatige tekort aan woningen. De Nederlandse
bevolkingspiramide heeft de vorm van een urn.

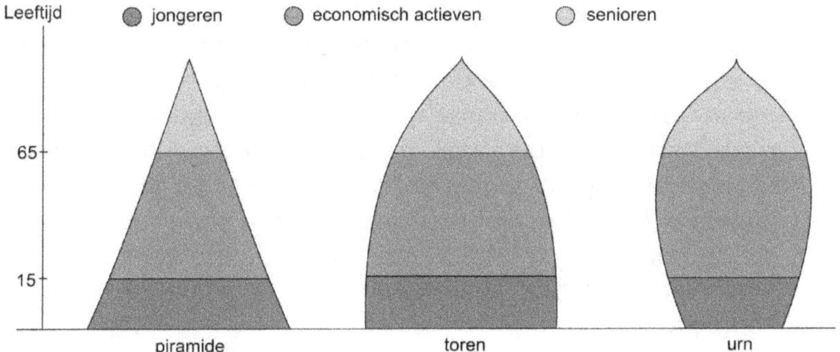

Afbeelding: 3 typen bevolkingspyramides

Wat inhoudt dat verwacht wordt dat de bevolkingsgroei over een
aantal jaren uitdunt en dat de huidige woningvoorraad dus
voldoende is. Er wordt echter niet gecorrigeerd voor de vele expats
en internationale studenten die naar Nederland komen om te wonen
en werken.

Omdat Nederland in hoge mate bekend staat als een 'go-to' country
voor kennis en innovatie, blijft er altijd een bepaalde mate van
woningtekort bestaan. Echter, de Corporaties mogen hier niet van
uit gaan en krijgen dus richtlijnen om de woningbouw te beperken
aan de hand van statistische verwachtingen. Natuurlijk mogen ze

spelen met niet-permanente woonoplossingen en dat doen ze ook.
Maar dat laat nog steeds voldoende ruimte voor particuliere
beleggers in woningen of strategische grondposities in de
binnensteden. Doordat het uiteindelijk geen rechttoe rechtaan
pyramide is in Nederland, zal er altijd een verschil blijven tussen
vraag en aanbod en daarmee tussen vraagprijs en onderliggende
waarde. Een situatie waarbij opeens heel veel expats of studenten
hun woning verlaten, kan leiden tot een tijdelijk overschot aan
leegstand en daarmee een tijdelijke daling van de marktwaarde in
verhuurde staat. En kan daarmee grote kansen bieden voor de
oplettende vastgoedbelegger met een lange termijnvisie.

De markt is overwegend efficiënt

Net als op de aandelenbeurs kan het zijn dat bepaalde beleggers
die de leegstand niet kunnen dragen overgaan tot verkoop onder de
waarde om te voorkomen dat ze de kosten van een leegstand
moeten dragen. Met andere woorden, er kan ook in vastgoedland
sprake zijn van een sell-off uit angst. Er zijn altijd mensen die boven
hun stand een woning hebben gekocht of terecht komen in een
situatie waarbij ze de kosten niet meer kunnen of willen dragen.
Bijvoorbeeld doordat ze onenigheid krijgen met andere eigenaren,
maar ook woningcorporaties die het groot onderhoud na 25 jaar
niet willen betalen.

In een situatie van hoge emotie ontstaan vaak kansen voor mensen
die rationeel blijven. En omdat huizen niet heel liquide zijn, moet je
als kopende partij bereid en capabel zijn om snel te handelen als de
kans zich voordoet. Want zodra de emoties zijn bedaard en de ratio
terugkeert, verdwijnt ook meestal het verschil tussen de vraagprijs
en de onderliggende waarde. Overwegend is de markt efficiënt,
maar dus niet altijd.

Het vasthouden aan het berekenen van de waarde en wachten tot
de vraagprijzen onder die waarde zakken is in pure zin een vorm
van Value Investing. Het beleggen in vastgoed en het beleggen in
aandelen zijn qua methodiek dan ook gelijkwaardig. Ook bij
aandelen is het bepalen van de intrinsieke waarde en daarmee het

bepalen van de aankoopprijs het sleutelelement tot een hoog rendement. En omdat vastgoed minder liquide is, heb je bij vastgoed overwegend meer tijd om onderzoek te doen en je slag te slaan. Het is dus eigenlijk een mooie leerschool om te leren beleggen in aandelen en bedrijven.

Off Market Deals

De koopsom is daarmee de belangrijkste knop waar je echt aan kan
draaien. De eerste winst wordt hier gemaakt. Hoe lager de koopsom
en hoe verder onder de marktwaarde in verhuurde staat, hoe beter
je rendement. Of je dit lukt is geheel afhankelijk van je
onderhandelingskwaliteiten, maar ook van de urgentie waarmee een
verkoper van zijn pand af moet. De beste deals komen namelijk
vanuit onderhandse kanalen. Of in het Engels: Off Market Deals. Er
zijn eigenlijk maar een paar manieren om onderhandse
aanbiedingen te vinden. De snelste zijn de volgende vier:

- Via Familie en Vrienden
- Via Klusjesmannen waarmee je goede banden onderhoudt
- Via Financiers waarmee je goede banden onderhoudt
- Via Makelaars waarmee je goede banden onderhoudt
- Via Erfenissen
- Via bemiddelaars tegen betaling (zogenaamde sourcing
  partners)

Wil je er zelf actiever mee aan de slag gaan, dan kun je denken aan
de volgende manieren:

- Via een eigen beheerde 'hulp bij verkoop' website waarop
  mensen discreet hun huis aan je kunnen aanbieden
- Via het verspreiden van flyers in de gewenste buurten
- Via het regelmatig bezoeken van bijeenkomsten
- Via het actief contact zoeken met VVE leden van een gewenst
  complex
- Via Vastgoedveilingen

Geloven is gevonden worden

Het belangrijkste is dat je ervoor zorgt dat de deals naar je toe
komen en dat de mensen in je netwerk weten dat jij een actieve
vastgoedinvesteerder bent die graag wil uitbreiden. Alleen weten is
echter niet voldoende. Ze zullen er ook in moeten geloven. Dat
betekent dat je in een bepaald netwerk ook met enige regelmaat tot
een transactie moet overgaan. Zodat ze ook echt weten dat je
bereid bent om in actie te komen wanneer de kans zich voordoet.

Want vergeet niet, ook de mensen die jou de deal onder de
aandacht hebben gebracht hebben mogelijk een naam hoog te
houden of willen geen gezichtsverlies leiden bij hun achterban.
Wees daarom goed voorbereid bij off market deals en maak je
selectiecriteria van tevoren kristalhelder voor je netwerkpartners;

- Wat voor type belegger ben jij? (Actief uitbreiden versus één
  pand is genoeg)
- Wie is je doelgroep huurder?(student, senioren, starters,
  werkenden, expats)
- Wat voor type vastgoed koop je? (woonhuis, appartement,
  anders)
- Welke huurprijs range zit je in? (geliberaliseerd, niet-
  geliberaliseerd, top segment)
- Waar koop je? (straat, wijk, stad, gemeente, regionaal,
  nationaal, internationaal)
- Wat is de richtprijs per woning die je wil uitgeven? (bijv.
  €100.000 per woning)

Mensen hebben liever een snelle NEE, dan een onduidelijke JA.
Voor jou voldoende andere kopers namelijk. En andersom voor hen
voldoende andere verkopers. Everyday is Dealday. Er is geen tekort
aan kansen.

De financieringsrente

Twee manieren om de rente te sturen

We hebben nu de twee makkelijkste knoppen waar je aan kan
draaien gehad. De koopsom en de huur. De derde knop waar je aan
kan draaien is de financieringsrente. Deze is minder makkelijk om
aan te draaien omdat hij bepaald wordt door je financier en de
zekerheid die hij zoekt. Want hoe meer zekerheid je financier wil
hebben, hoe hoger de rente die hij voor zijn geld wil hebben. De
rente is dus grotendeels afhankelijk van de wensen en eisen van de
financier waar je zaken mee doet. Ze kunnen allerlei wensen en
eisen hebben, zoals in welke stad of regio je 'veilig' belegt, hoeveel
je zelf moet inbrengen of vanaf welk bedrag het interessant wordt
voor hen. Al deze elementen kunnen rente verhogend of rente
verlagend werken. Dat komt omdat de renteopbouw eigenlijk
bestaat uit twee componenten:

* De basispremie
* De risicomarge

De basispremie is de vergoeding die ze ook kunnen krijgen door
hun geld niet aan jou, maar tenminste 10 jaar aan de overheid te
geven. Met andere woorden, door hun geld in een 10-jarige
Nederlandse staatsobligatie te steken. De basispremie is daarmee
voor iedere financier gelijk, maar de risicomarge kan verschillen.

Een beter woord voor risicomarge is eigenlijk; de-vergoeding-die-ik-
wil-ontvangen-om-mijn-geld-aan-jou-uit-te-lenen. Maar dat is te lang
en past niet op een standaard contractregel. Dus is het risicomarge
geworden. En uiteraard nemen ze een risico. Want als jij niet
betaalt, dan krijgen zij hun geld niet meer terug. Daarom willen ze
een risicocompensatie ontvangen. Het risico dat jij je lening niet
terug kan betalen wordt groter naarmate je in minder populaire
regio's belegt, minder geld leent of minder eigen geld inbrengt.

Het klinkt misschien raar dat een kleine lening een groter risico voor
hen is. Maar je moet het zo zien. Als jij een klein bedrag leent, zeg
onder de €1.000.000, dan is dat in hun ogen een bedrag waar dat
mogelijk niet groot genoeg is voor jou om je zorgen over te maken
om terug te betalen. Of juist omgekeerd, dat je het veel sneller dan
verwacht af gaat lossen. Waardoor zij minder rente-inkomsten
ontvangen dan verwacht.

Financiers willen niet dat je wegloopt of sneller aflost dan
afgesproken. Ze willen juist dat je zo lang mogelijk zaken met ze
blijft doen tegen steeds hogere geleende bedragen. Want zij
verdienen er meer aan als je lang blijft en telkens nieuwe schulden
aangaat. De één miljoen is daarom bij veel financiers een magische
grens waarbij je laat zien: "Ik ben serieus. Ik wil groeien. En jij en ik
gaan samen veel geld verdienen." En dat is de reden waarom je
rente voorstel er een stuk gunstiger uitziet vanaf het moment dat je
een (her)financiering aanvraagt boven de één miljoen. En vanaf dat
moment vertel je ze gewoon hoeveel rente je wil betalen. Je
onderhandelingspositie is dan een stuk sterker geworden.

Hoe kun je dan sturing aan het rentevoorstel geven als je de één
miljoen nog niet bereikt hebt? Daar zijn in hoofdlijnen twee manieren
voor, namelijk:

- Passieve manier: Schakel een financiële tussenpersoon in die
  bij meerdere financiers offertes opvraagt;
- Actieve manier: Geef je financier(s) zelf een kader waarbinnen
  de financiële last bepaald kan worden.

Passieve Rentesturing

Het inschakelen van een financiële tussenpersoon is een handige
en snelle manier om een vergelijking te maken tussen verschillende
aanbieders. Maar let op. Je bent afhankelijk van het netwerk van de
tussenpersoon. De meeste tussenpersonen in Nederland hebben
relaties met alle bekende grootbanken en vastgoedbanken. Maar
het echte verschil zit in het netwerk met internationale financiers en
alternatieve financieringen, zoals crowdfunding, private equity,

family offices, grote bedrijven en andere bronnen waar vermogende mensen of bedrijven samenkomen om hun geld aan het werk te zetten.

Dit zijn ook beleggers, maar in plaats van op de beurs of direct in vastgoed, beleggen ze in jou. Omdat Nederlanders overwegend bekend staan als trouwe betalers, zijn er genoeg (buitenlandse) personen, families of bedrijven die maar wat graag een Nederlandse hypotheekbetaler willen financieren. Voor hen is het een alternatieve obligatie. Een lening waarvan ze redelijk zeker zijn dat deze wordt terugbetaald met rente.

Hoe breder en dieper het netwerk van een tussenpersoon, hoe meer mogelijkheden hij heeft om een lucratieve financiering voor je op te halen. Soms zelfs zonder de vereisten van een eigen inbreng of beperkingen aan regio's of steden. Het is dus belangrijk om te toetsen hoe groot het netwerk van je tussenpersoon is en wat de kwaliteit van dat netwerk is.

Uiteraard vraagt de tussenpersoon een vergoeding voor de geleverde diensten, dus het is ook goed om vooraf te vragen hoeveel de dienstverlening gaat kosten. Overwegend is het zo dat de dienstverlening snel terugverdiend kan worden. Zij hebben er immers ook baat bij dat je bij de volgende financiering weer gebruik maakt van hun diensten. Het is dan ook interessant om meerdere tussenpersonen te interviewen voordat je besluit om met een tussenpersoon in zee te gaan. Je intentie is altijd om een lange termijn relatie aan te gaan. Zodat je kan beoordelen of er een gevoel van vertrouwen ontstaat. Als het je alleen te doen is om de laagste kosten, dan is dat natuurlijk ook goed. Maar het is op lange termijn lucratiever om toch iets verder te kijken dan je neus lang is.

Want groeien in vastgoed kan snel gaan na je eerste pand. En als een tussenpersoon je eenmaal kent, kan dat een hoop tijd, geld en administratief gedoe schelen bij iedere volgende financiering. Ook jij bouwt een vertrouwenstrackrecord op waardoor je krediet "geloof" waardigheid toeneemt. Aan beide kanten wordt beoordeeld. Jij brengt geld, zij geven geld. Het is geven en nemen. Leven en laten

leven. Wie alleen maar neemt, ontvangt op een gegeven moment
niets meer en betaalt uiteindelijk altijd de hoofdprijs. Om te
onthouden bij gebruik van een tussenpersoon:

- Vraag naar de omvang van het financiële netwerk
- Vraag hoeveel financieringen ze per jaar afsluiten
- Vraag hoeveel de dienstverlening kost
- Interview meerdere tussenpersonen en voel of het klikt
- Ga voor het totaalpakket aan voordelen, niet alleen voor de
  laagste kosten

Actieve rentesturing

Wanneer je gebruik maakt van een tussenpersoon, dan zal hij op
basis van een aantal uitgangspunten, met name de huurprijs, het
aantal m2 woonoppervlak, het bouwjaar en de huidige
marktwaarden een taxatie laten opstellen die het kader vormt
waarbinnen hij financieringen gaat zoeken. Maar als je dat nou zelf
doet, dan kun je dit kader zelf vormen voordat je naar een
tussenpersoon gaat. Of wanneer je al een relatie hebt, direct met je
eigen financier kan onderhandelen. Het werkt eigenlijk heel simpel.
Je maakt een analyse van je verwachte bruto huurinkomsten per
jaar voor tenminste de komende 5 jaar. Trekt daar alle te
verwachten kosten voor beheer, onderhoud, belasting en leegstand
af en dan houd je de netto huurinkomsten per jaar in een periode
van 5 jaar over. Deze netto huurinkomsten zijn dan het uitgangspunt
voor je financier waarbinnen de totale financieringslast moet blijven.

Investeringsplan Beleggingspand te	Adres	237 m2	Stad	Vraagprijs	€ 250.000
Max. koopsom	€ 235.000				
Eigen Inbreng	€ 47.000				
Financiering Koopsom	€ 188.000				
Kosten Koper	€ 12.000				
Totale Financieringsvraag	€ 200.000				

Huurexploitatie Beleggingspand te	Adres		Stad		
	Jaar 1	Jaar 2	Jaar 3	Jaar 4	Jaar 5
Bruto Huuropbrengst	€ 15.642	€ 15.955	€ 16.274	€ 16.599	€ 16.931
Exploitatiekosten	€ (975)	€ (995)	€ (1.015)	€ (1.035)	€ (1.056)
OZB	€ (949)	€ (968)	€ (987)	€ (1.007)	€ (1.027)
Heffingen	€ (79)	€ (81)	€ (82)	€ (84)	€ (86)
Verzekeringen	€ (76)	€ (78)	€ (79)	€ (81)	€ (82)
Frictieleegstand	€ (782)	€ (798)	€ (814)	€ (830)	€ (847)
Aanvangsleegstand	€ -	€ -	€ -	€ -	€ -
Netto Huuropbrengst	€ 12.780	€ 13.036	€ 13.297	€ 13.562	€ 13.834

Gewenste Financieringsvoorwaarden		
Looptijd	minimaal	20 jaar
Rente	maximaal	2,75%
Boetevrije Aflossingsruimte	gewenst	20%

Afbeelding: Voorbeeld 5-jaars businesscase en actieve sturing op financieringsvoorwaarden

Het resulteert in een zogenaamde businesscase. En afhankelijk van het aantal jaren dat je kiest, een 5-jaars, 10-jaars, 20-jaars of 30-jaars businesscase. Met een dergelijk opstelling laat je een aantal dingen zien aan een financier:

1. Je weet wat je aan het doen bent
2. Je kent de regionale markt
3. Je laat je investeringshorizon zien
4. Je laat zien dat je een strategie hebt
5. Je laat zien dat je kan rekenen
6. Je laat zien dat je een beeld hebt aan welke knoppen de financier kan draaien
7. Je snapt wat de financier nodig heeft om in gesprek te gaan met de achterban
8. Je laat zien dat je bereid te geven en te nemen
9. Je laat zien dat je transparant (genoeg) wil zijn

Dit resulteert meteen in een betere vertrouwenspositie met je financier. Het is voor een professionele financieringspartij altijd prettig om zaken te doen met mensen die hun huiswerk gedaan hebben en laten zien dat ze niet zomaar om een zak geld komen vragen. En dat ze duidelijk laten zien dat ze een plan hebben hoe de gewenste financiering eruit moet zien, hoeveel risico beide

98

partijen lopen, in welke typen kosten zich dat risico precies bevindt en in welke omstandigheden het risico optreedt. Wanneer je dit doet, dan heb je een grotere kans dat je de financiering in jouw richting kan sturen. En aan welke knoppen kun jij dan draaien om de financiering nog net wat meer in jouw richting te sturen?

Investeringsplan Beleggingspand te	Adres	237 m2	Stad	Vraagprijs	€ 250.000
Max. koopsom	€ 235.000				
Eigen Inbreng	€ 47.000				
Financiering Koopsom	€ 188.000				
Kosten Koper	€ 12.000				
Totale Financieringsvraag	€ 200.000				

Huurexploitatie Beleggingspand te	Adres		Stad		
	Jaar 1	Jaar 2	Jaar 3	Jaar 4	Jaar 5
Bruto Huuropbrengst	€ 15.642	€ 15.955	€ 16.274	€ 16.599	€ 16.931
Exploitatiekosten	€ (975)	€ (995)	€ (1.015)	€ (1.035)	€ (1.056)
OZB	€ (949)	€ (968)	€ (987)	€ (1.007)	€ (1.027)
Heffingen	€ (79)	€ (81)	€ (82)	€ (84)	€ (86)
Verzekeringen	€ (76)	€ (78)	€ (79)	€ (81)	€ (82)
Frictieleegstand	€ (782)	€ (798)	€ (814)	€ (830)	€ (847)
Onderhoudvoorziening	€ (2.000)	€ (2.000)	€ (2.000)	€ (2.000)	€ (2.000)
Aanvangsleegstand	€ -	€ -	€ -	€ -	€ -
Netto Huuropbrengst	€ 10.780	€ 11.036	€ 11.297	€ 11.562	€ 11.834

Gewenste Financieringsvoorwaarden		
Looptijd	minimaal	20 jaar
Rente	maximaal	2,75%
Boetevrije Aflossingsruimte	gewenst	20%

Afbeelding: Voorbeeld actievere sturing businesscase – 'regel onderhoudsvoorziening' verlaagt netto huuropbrengst en daarmee kader voor financiering

Nou, eigenlijk best simpel. Je kunt een extra kostenregel toevoegen zoals getoond in bovenstaande afbeelding. Zolang jij kan uitleggen waarvoor je de kosten in je businesscase nodig hebt, waardoor de netto huuropbrengst per jaar verlaagt, zal de financier proberen binnen het kader van die jaarlijkse netto huurinkomsten te blijven. En omdat jij weet aan welke knoppen de financier kan draaien, kun je jouw voorwaarden zo scherp mogelijk insteken. Als blijkt dat het niet kan, dan weet jij waar jij meer risico kan nemen of welke kosten je straks actief in de gaten moet houden. De risico discussie wordt dan door jou bepaald. En niet door de financier. Dit kan een groot voordeel zijn, want als zij jou gaan volgen in plaats van andersom, dan weet je dat het de komende jaren wel snor zit met het aanvragen van financieringen.

De looptijd van de financiering

Kun je het betalen?

We hebben nu de koopsom, de huurprijs en de rente gehad en
daarmee zijn we aangekomen bij de vierde knop om aan te draaien;
de looptijd. Hoe langer de looptijd van de aflossing van je lening,
hoe lager de maandelijkse aflossing wordt. Je kunt de aflossing dan
immers uitsmeren over een langere periode. Wanneer je €100.000
in 10 jaar moet aflossen, dan moet je ieder jaar €10.000 van je
netto huuropbrengsten afstaan aan je financier. Kun je de periode
van aflossen oprekken naar 50 jaar, dan is het nog maar €2.000 per
jaar. En kun je ieder jaar een groter bedrag van je netto
huuropbrengsten aanwenden voor nieuwe investeringen óf voor
comfort uitgaven.

Veel mensen hebben het idee dat de looptijd van een financiering
voor vastgoed standaard 30 jaar is. Omdat dit op de site van de
Belastingdienst staat of omdat hun directe omgeving hen dat wijs
gemaakt heeft. Echter, volgens de Belastingdienst kent alleen de
hypotheekrenteaftrek een standaard termijn van 30 jaar, over de
looptijd van een hypotheek wordt met geen woord gerept.

Dat de grootbanken standaard een hypotheek aanbieden voor 30
jaar voor je eigen woonhuis is heel logisch. Want, door de
hypotheekrenteaftrek kunnen ze je een hogere lening geven of
omgekeerd weten ze zeker dat je een lening makkelijk kan
terugbetalen. Zou de hypotheekrenteaftrek bijvoorbeeld maar
standaard 10 jaar zijn geweest, dan was je misschien nu gewend
geweest aan een standaard looptijd van 10 jaar. De meeste mensen
verwarren wet- en regelgeving rondom de hypotheekrenteaftrek met
de wet- en regelgeving rondom looptijden van hypotheken. Die
laatste is er namelijk niet. De hypotheekrenteaftrek geldt alleen voor
de woning waar je zelf in woont. Dus niet voor beleggingsvastgoed.
Aha!

De looptijd van financieringen van vastgoed om in te beleggen is dus niet standaard 30 jaar. Het kan ook 1, 5, 10, 20, 30, 35 of zelfs 55 jaar of langer zijn. Het is maar net bij wie je de financiering afsluit en onder welke voorwaarden. Er zijn geen standaard of verplichte looptijden. Het enige dat voor een financier telt is de vraag: Hoe snel wil ik mijn geld terug?

Ken je de juiste mensen?

Wanneer treden looptijden langer of korter dan 30 jaar het meest op;

Korter dan 30 jaar:
- Buitenlandse banken
- Buitenlandse alternatieve financiers
- Binnenlandse bankiers die het risico als zeer hoog inschatten
- Bedrijfsleningen (bijvoorbeeld van je werkgever)
- Vrienden (persoonlijke leningen)
- Crowdfunding

Langer dan 30 jaar:
- Binnenlandse alternatieve financiers (private equity, family offices)
- Buitenlandse alternatieve financiers (private equity, family offices)
- Je eigen familie (persoonlijke leningen)
- Persoonlijke leningen vanuit je eigen BV

Het moge duidelijk zijn dat tenzij je een zeer goede relatie hebt met een financier, je een tussenpersoon of een actieve houding nodig hebt om een looptijd langer dan 30 jaar af te sluiten. Niets is onmogelijk, maar een looptijd langer dan 30 jaar afspreken gaat niet vanzelf.
Korter dan 30 jaar? Als jij dat wilt, is dat voor geen enkele financier een probleem.

Alternatieve Vastgoed Investering: REIT's, BDC's en MLP's

Huurinkomsten zonder vastgoed kan ook

Na dit alles denk je nu wellicht; "Wat een werk! Daar heb ik echt geen zin in… Laat maar zitten al dat gedoe. Kan dat niet simpeler? Dat iemand anders dat voor mij doet en ik alleen de inkomsten ontvang?" Het antwoord: JA, DAT KAN!

Je hebt misschien besloten dat je wel extra inkomen wil, maar dat je niet persé in aandelen of ETF's wil beleggen en ook niet direct in vastgoed beleggen om dat inkomen te krijgen. Dan is er het volgende alternatief: koop periodiek een REIT een BDC of een MLP-fonds. Dit zijn aantrekkelijke beleggingen die puur gericht zijn op het verkrijgen van een maandelijks, kwartaallijks of jaarlijks inkomen.

De inkomsten liggen tussen de 3% en 8% van je inleg. Dus als je bijvoorbeeld €100.000 in een REIT, BDC of MLP belegt, dan kun je €3.000 tot €8.000 per jaar aan inkomsten genereren. Dit komt niet in de buurt van het direct beleggen in vastgoed, maar het zijn wel inkomsten waar je niets voor hoeft te doen. Tenminste, niets anders dan jaarlijks beoordelen of ze het dividend nog wel betalen. Want daar zit je risico dan. Je zult actiever moeten opletten of ze ieder jaar hun verplichtingen aan jou nog wel nakomen. Zo niet, dan wissel je gewoon van REIT, BDC of MLP. Zo simpel is het. Maar wat zijn het eigenlijk?

REIT

REIT staat voor Real Estate Investment Trust. Het is een onderneming die inkomsten verwerft uit het kopen, uitbaten en verkopen van vastgoed. Deze inkomsten worden vervolgens gedeeltelijk in de vorm van dividend aan de aandeelhouders uitgekeerd.

Er zijn verschillende vormen van REIT's. Zogenaamde equity REIT's zijn eigenaar van vastgoed en baten dit uit. De inkomsten bestaan vooral uit huur. Daarnaast zijn er mortgage REIT's. Zij verstrekken en verhandelen hypotheken met vastgoed als onderpand. Hier bestaan de inkomsten vooral uit rente verkregen uit hypotheken.

De meeste REIT's zijn gespecialiseerd in een specifiek segment van de vastgoedsector. Bijvoorbeeld in gezondheidscentra, ouderenzorg, hotels, datacentra, winkelcentra, kantoorpanden of infrastructuur (zoals glasvezel, zendmasten of pijpleidingen).

Er zijn veel verschillende REIT's. In de lijst met <u>Amerikaanse Dividend Champions</u> zijn meer dan 60 fondsen opgenomen. En dat zijn dan alleen nog maar de REIT's die de afgelopen vijf jaar hun dividend hebben verhoogd. Gemiddeld hebben ze een aantrekkelijk dividendrendement van 4,4% en zitten er uitschieters tussen van 10% of meer.

Daarnaast blijkt uit een inventarisatie van JP Morgan dat REIT's over het algemeen erg goed hebben gerendeerd de afgelopen periode. In een vergelijking tussen de verschillende soorten beleggingen over de periode 1998 tot 2017 blijkt het gemiddelde jaarlijkse rendement van REIT's op 9,1% te liggen, tegenover 7,2% voor de S&P500 en een schamele 2,6% voor de gemiddelde particuliere belegger.

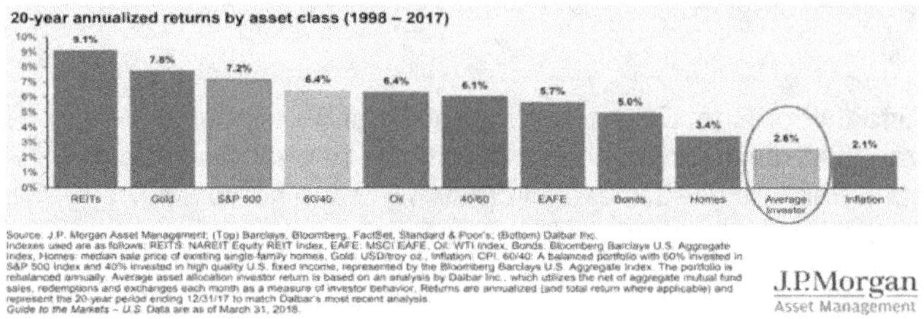

Bron: J.P. Morgan Asset Management

Het valt misschien op dat de REIT een hoog dividendrendement kent. Dat komt door een gunstig fiscaal regime dat voor hen geldt, mits zij aan de fiscale voorwaarden blijven voldoen. Het komt erop neer dat wanneer een REIT aan de fiscale voorwaarden blijft voldoen, zij geen belasting over haar inkomen hoeft te betalen.

De belangrijkste fiscale voorwaarde die bijdraagt aan een hoge dividenduitkering is dat REIT's tenminste 90% van hun belastbaar inkomen als dividend moeten uitkeren aan de aandeelhouders. Dit is natuurlijk zeer interessant voor beleggers die niet zelf direct in vastgoed willen zitten, maar wel willen genieten van hoge dividenduitkeringen. In Amerika is een en ander vastgelegd in een amendement op de zogenaamde Cigar Exercise Taks Extension, die in 1960 door president Eisenhower is goedgekeurd. Vormen van deze regelgeving zijn overgenomen in meerdere landen.

Ook in Nederland heeft de Belastingdienst dit voor Nederlandse vastgoedfondsen mogelijk gemaakt in de zogenaamde Fiscale Beleggingsinstelling (FBI) en de Vrijgestelde Beleggingsinstelling (VBI). Als belegger wil je dan natuurlijk wel in de gaten houden dat ze die inkomsten blijven betalen. Je zult van een fonds dan ook goed moeten begrijpen waar hun inkomsten vandaan komen en of jij inschat dat ze dat tenminste 10 tot 20 jaar in de toekomst kunnen blijven betalen. Anders had je het vastgoed net zo goed zelf kunnen kopen en zelf beheren. Waar moet je dan op letten? Eigenlijk heel simpel:

- De cashflow of in het Engels: Funds from Operations (FFO)
- De Payout Ratio: Dividend / FFO

Voor de winstgevendheid van REIT's wordt vooral naar cashflow gekeken. Eigenlijk heel logisch. Als je het vastgoed zelf zou kopen, kijk je ook naar hoeveel netto huuropbrengsten er beschikbaar zijn en hoeveel je daarvan aan je financiers kan betalen. Bij een REIT zijn de financiers de individuele beleggers. Jij dus. En omdat ze 90% van de netto huuropbrengsten aan de aandeelhouders moeten betalen, is de rekensom vrij simpel. Aan jou de schone taak om te beoordelen of dit dan positieve kasstromen zijn.

Daarnaast bestaat er een Payout Ratio indicator. De payout ratio kun je berekenen door het jaarlijkse dividend per aandeel te delen door de FFO (Funds from Operations) per aandeel. Dus wanneer de FFO €10 per aandeel is en het dividend €2 per aandeel ,dan is de payout ratio: 20%

Je zult zien dat bij REIT's de dividend payout ratio veel hoger ligt dan wat bij reguliere ondernemingen als veilig wordt gezien. Maar dat komt dus door de 90% uitkeringseis. Waar je op moet letten is dat de payout ratio niet boven de 100% ligt. Want dan keert het fonds dus meer dividend uit dan het binnenkrijgt. En dat gaat meestal niet lang goed. Wanneer je dit ziet, is het goed om nader onderzoek te verrichten. Ten eerste: klopt de berekening wel? Ten tweede: is de FFO echt lager dan het dividend? Als beide antwoorden JA zijn, dan kun je de betreffende REIT maar beter negeren en een andere uitkiezen.

Verder kennen REIT's ook alle risico's die je zou hebben als je het vastgoed zelf zou kopen, plus de standaardrisico's van de beurs. Namelijk dat de koersprijs op en neer kan gaan en je vermogen dus kan toe- en afnemen. Je dividend leidt alleen onder de gebruikelijke risico's van leegstand en verandering van wet- en regelgeving.

REIT's zijn daarom ook een goed alternatief voor mensen die niet direct in vastgoed willen investeren, wel een hoog dividendrendement willen en accepteren dat waarde van hun vermogen kan fluctueren met de koersprijzen van de beurs. Vind je dit allemaal niet erg, en besteed je het liefst echt alles uit, dan zijn REITs misschien wel jouw ideale manier om een leuk extra inkomen op te bouwen in plaats van zelf in vastgoed te gaan zitten.

Enkele REIT's keren zelfs maandelijks uit. En één daarvan wordt de gouden standaard onder de REIT's genoemd. Dat is het vastgoedbedrijf Realty Income (O). Warren Buffett heeft overigens ook REIT's in zijn portefeuille. Zijn laatste aankoop was een 10% belang in Store Capital Corporation (STOR).

BDC

Business Development Companies (BDC's) zijn investeringsmaatschappijen die het mogelijk maken voor kleine particuliere investeerders om via de beurs toch in niet beursgenoteerde bedrijven te beleggen. Hiermee ondersteun je als belegger eigenlijk regionale startups en innovatieve bedrijven. Ook BDC's vallen onder het fiscale regime van gereguleerde investeringsmaatschappijen en moeten 90% van hun belastbaar inkomen uitkeren aan aandeelhouders. Wanneer ze dat doen, hoeven ze geen vennootschapsbelasting te betalen. Net als bij REIT's ontstaan hierdoor relatief hoge Payout ratio's.

Maar anders dan bij REIT's wordt de cash niet gegenereerd door vastgoed, maar door kleine bedrijven. Het risico dat een BDC zijn dividendstroom staakt is vaak hoger. Want als een bedrijf onder hun beheer op houdt te bestaan, dan stopt ook de inkomstenstroom. Het is aan de belegger dus de taak om goed na te gaan hoe streng de fondsbeheerders zijn voor de bedrijven die ze financieren. De FFO van een BDC is vaak gevoeliger voor macro- en micro economische gebeurtenissen, naast de standaard risico's die het runnen van een bedrijf met zich meebrengt. Het voortbestaan van een bedrijf is afhankelijk van veel meer factoren dan alleen zorgen dat er een huurder in de beschikbare ruimte zit. Wanneer je niet weet, hoe je de onderliggende bedrijven zou moeten waarderen, of hoe je het management of trackrecord van de betreffende BDC moet beoordelen, dan is het raadzaam om niet in een BDC te stappen. Je inkomen kan dan zomaar verdampen. Samen met je vermogen. En

dat willen we natuurlijk niet. De andere kant is dat BDC's hoge
rendementen opleveren en dat dit veelal maandelijks gebeurt. De
meest bekende BDC, ook vaak de gouden standaard onder BDC's
genoemd, is MAIN Street Capital Corporation (MAIN).

MLP

Master Limited Partnerships zijn eigenlijk het Amerikaanse
equivalent van een Nederlandse Commanditaire Vennootschap
(CV) maar dan met de bescherming van een Besloten
Vennootschap (BV). In vastgoed termen is het eigenlijk de CV-BV
structuur ineen. Erg handig voor Amerikanen die op deze manier
willen investeren in kapitaalintensieve bedrijven zonder dat ze zelf
operationeel betrokken zijn. Het komt erop neer dat jij, als stille
vennoot, je geld aan een privé persoon geeft, die optreedt als
beherend vennoot en die voor jou vastgoed of andere activa gaat
aankopen en beheren. De doelstelling is altijd om winst te maken uit
verkoop van de bezittingen na 5 of 10 jaar. In de tussentijd krijg je
dividend en/of huurinkomsten.

Het is overigens de bedoeling dat jij als stille vennoot je nergens
mee bemoeit. Doe je dat wel, dan kun je door schuldeisers
aansprakelijk gesteld worden voor schulden die gemaakt zijn door
de beherend vennoot. Als je het te eng vindt om je geld aan een
beheerder te geven en er volledig op te vertrouwen dat hij er meer
geld van maakt, dan is het beter om niet in een CV-constructie te
stappen.

CV's zijn voor beleggers die een uitstekend begrip hebben van de
risico's die ze aan gaan en die het geld dat ze inleggen ook volledig
kunnen missen als het misgaat. Haalt iemand je over om in een
Ondernemings-CV, vastgoed-CV, scheeps-CV of energie-CV te
stappen…. Doe je zelf dan een plezier en slaap er nog eens nachtje
over. En stel je de vraag: "Kunnen ze me terugbetalen én gaan ze
me terugbetalen?"

Beleggen is beleggen

Je ziet het. Het maakt niet uit waarin je belegt, het stramien is telkens hetzelfde.

- Begrijp je wat je koopt?
- Begrijp je hoe en waarom er geld verdiend wordt?
- Begrijp je wie er aan het roer staat?
- Weet je hoeveel het waard is ten opzichte van de prijs die je ervoor betaald?

Als je deze vier vragen telkens aan jezelf stelt en vervolgens de antwoorden erbij zoekt, dan zul je zien dat alle beleggingen eenvoudig worden.

Wil je nou in hoger detail weten hoe je begint met Vastgoed beleggen en pragmatisch begeleid worden ga dan naar mijn site www.belegsimpel.nl en schrijf je in voor de training: "Bouw inkomen met Vastgoed" en dan leid ik je door de antwoorden op de vragen:

1. Hoe bepaal je jouw ideale locatie
2. Hoe Bereken je de waarde van een woning
3. Welke relaties zijn belangrijk
4. Hoe weet je of je financieel gezond bent
5. Hoe ga je onderhandelen
6. Hoe financier je een pand met voldoende eigen vermogen
7. Hoe financier je een pand zonder voldoende eigen vermogen
8. Hoe bouw je snel meer eigen vermogen op

SLIM AFLOSSEN Stap 7: Los de schuld van je eigen woning af

De laatste stap!

We zijn bij de laatste stap aangekomen! Jawel, als je hier bent aangekomen, dan heb je geïnvesteerd in jezelf (kennis), geïnvesteerd in bedrijven (aandelen en je baan), je kredietschulden afgelost en heb je de keuze gemaakt om een eigen woning te kopen en mogelijk nog meer woningen. Of je hebt besloten dat één woning wel genoeg is, en je koopt vrolijk REIT's of BDC's van de groei uit vermogen door investeringen in bedrijven (aandelen of betere baan).

Je hebt intussen tenminste 2 inkomensstromen voor jezelf ingericht. Dat kunnen zijn;

- De (Thema) **ETF machine alleen** gericht op **vermogensgroei**
- De (13F) **Aandelen kopieermachine** gericht op **vermogensgroei en dividendrendement**
- De **Vastgoed geldmachine** gericht op **vermogensgroei en hoog huurrendement**
- De **REIT/BDC-geldmachine** alleen gericht op **hoge dividendinkomsten**

En telkens als je geld over hebt op je inkomsten uit één van deze machines, dan los je kredietschulden af totdat je ze niet meer hebt. Vervolgens herinvesteer je de inkomsten totdat je inkomsten hoger zijn dan je uitgavenpatroon. Wanneer je de eerste keer de cirkel van stap 1 tot en met stap 6 volledig doorlopen hebt, zul je zien dat je heel lang het cirkeltje 1 tot en met 5 blijft herhalen totdat je uiteindelijk denkt; "laat ik mijn eigen woonhuis maar eens keer aflossen".

Eigenlijk is de kans dat je stap 7 in een gezonde situatie ook echt gaat doen heel erg klein. Omdat de Nederlandse wet- en regelgeving het nou eenmaal interessant maakt om niet af te lossen totdat de hypotheekrenteaftrek zich in zijn laatste jaren bevindt. Vooral wanneer je nog maar bijvoorbeeld 5 jaar hypotheekrenteaftrek kan genieten én je hypotheek niet volledig wordt afgelost met een annuïteit of een lineaire component.

Dus wanneer je een zuivere beleggingshypotheek of een 50% aflossingsvrije hypotheek hebt. En dan nog kan het interessant zijn om niet af te lossen als je bijvoorbeeld voorziet dat je je huis gaat verkopen met overwaarde. Dus niet KAN verkopen, maar ook echt GAAT verkopen. Belangrijk verschil.

Alleen bij overmacht, anders niet

Als er zoveel argumenten zijn om niet meer op je eigen woning af te lossen dan nodig, wanneer los je dan wel af op je eigen woning? Je lost af op je eigen woning wanneer je de volgende 2 situaties voorziet:

- **Bewuste keuze**: Je gaat je huis niet verkopen en er blijft een aanzienlijk deel open staan op de laatste dag van betaling waar je geen fiscaal voordeel meer van hebt.
- **Overmacht:** Wanneer je hypotheek onder water staat, je geen overwaarde hebt op je huis en dat in de voorzienbare toekomst ook niet meer gaat gebeuren.

De eerste situatie is duidelijk een bewust gekozen situatie. Je hebt een bewuste keuze gemaakt om minder af te lossen en het maandelijks voordeel op een andere slimmere manier te gebruiken. Wanneer je je in deze situatie bevindt, kun je volledig controle krijgen over je vermogenspositie. Je kunt ervoor kiezen om het behaalde voordeel tijdens de looptijd van de hypotheek bijvoorbeeld 30 jaar te beleggen in ETF's of aandelen en op het einde van de looptijd je hypotheek af te lossen met het behaald beleggingsresultaat. Of als je inmiddels een vastgoedportefeuille hebt opgebouwd je resterende hypotheek op de eigen woning onder te brengen in box 3 en in mindering te brengen op je totale vermogen, waardoor je minder vermogensbelasting betaalt.

De tweede situatie is een situatie die kan ontstaan door gebeurtenissen buiten je eigen invloedssfeer. De waarde van je huis kan dalen tot onder de hypotheek waardoor je geen overwaarde meer opbouwt en daarmee geen onderpand hebt voor slimme investeringen. Wanneer dat gebeurt is het slim om het deel van de hypotheek dat boven de marktwaarde uitkomt af te lossen. Dit is natuurlijk een situatie waartoe je alleen gedwongen wordt indien je overwaarde nodig hebt of op korte termijn een andere woning wil kopen. Het is hetzelfde als een tijdelijk koersdip op de beurs. De waarde van een bedrijf is mogelijk hoger dan de prijs die je ervoor kan krijgen. De waarde is je misschien goed bekend, de markt wil het echter niet betalen.

De onbekende factor is dan vaak: hoe lang wil de markt de waarde niet betalen? Bij aandelen is dat eenvoudig te volgen. De beurs is zeer liquide en corrigeert vaak snel. Bij de woningmarkt ligt dat anders. Daar gaan soms 10, 20, 30 jaar overheen voordat de markt weer betaalt wat jij er ooit voor betaald hebt. En mogelijk wil je al die jaren niet op één plek blijven zitten. Zeker niet wanneer bepaalde levensgebeurtenissen plaatsvinden, zoals gezinsuitbreiding.

Op het moment dat je inziet dat je hypotheek hoger is dan de waarde van je woning en je voorziet dat je niet 10 jaar op dezelfde plek gaat blijven: start dan met aflossen tot aan de woningwaarde. Niet meer. Niet minder. En verkijk je niet op de hypotheekrente aftrek. Dat is de 'ik-beroof-je-van-je-vrijheid-premie", dus daar moet je vooral niet aan vasthouden. Nooit. Het is een leuk extraatje waar je 30 jaar van kan genieten, maar meer niet.

Kort samenvattend, aflossen op je eigen huis doe je alleen als je niets anders meer kan en je hypotheek onder water staat als gevolg van gebeurtenissen buiten je invloed om.

Nawoord

Als je helemaal tot hier gekomen bent, dan heb je er een flink stuk lezen op zitten. In hoofdlijnen weet je nu hoe je op een paar eenvoudige manieren vier verschillende geldmachines voor je kan laten werken. Tenminste twee daarvan kun je vandaag nog in gang zetten. Alleen voor de vastgoedmachine waarbij je direct in vastgoed gaat beleggen heb je een klein startvermogen nodig. En als je nu nog geen eigen woning hebt waar overwaarde op zit, dan gaat één van de drie andere geldmachines je daarbij helpen.

Onthoud dat de verandering van mindset en het toepassen van de SLIM AFLOSSEN stappen beginnen met het gebruiken van andere woorden. Je hebt misschien geleerd dat je een vak moet leren, een baan moet zoeken, een huis moet kopen en je schulden moet aflossen. En dat advies is hartstikke solide. Ware het niet dat de verkeerde woorden gebruikt zijn. Vanaf nu besef je je dat je de woorden anders moet lezen en zul je zien dat jij gaat lezen:

"Investeer in jezelf, investeer in bedrijven, investeer in vastgoed en leen fiscaal vriendelijk."

Zodat jij straks een lachende miljonair bent met geld dat voor je werkt, schulden die automatisch afgelost worden door andere mensen en een inkomen dat ook binnenkomt als je slaapt. In tegenstelling tot de huilende miljonair die spaart tot hij een miljoen heeft om er vervolgens achter te komen dat hij iedere dag steeds meer kwijtraakt en moet werken tot hij sterft.

Volg het SLIM AFLOSSEN 7 stappenplan en dan zul je zien dat jij ook binnen no-time een lachende miljonair bent. Zonder dat je een miljoen op de bank hebt!

Nu je weet hoe het werkt, help ik je graag met je proces. Ik weet natuurlijk niet in welke fase je precies zit. Dat is voor iedereen anders. Maar wil je leren hoe je de hele keten gestructureerd en snel door loopt? Ga dan naar mijn site www.belegsimpel.nl voor extra tips of schrijf je in voor één van de trainingen of masterclasses. En dan bouwen we samen aan je 1e, 2e, 3e of 4e geldmachine. En maak je geen zorgen, mocht je je uitgaven nu nog niet onder controle hebben, dan geef ik je daar ook nog een paar extra tips voor.

Over mij

Dick de Nijs MSc RA
Auteur I <u>Beleg Simpel</u>

Ik ben een ondernemende investeerder met een passie om kennis over te dragen. Ik ben al vroeg begonnen met investeren in aandelen en vastgoed. Maar dat is niet de reden dat ik tegenwoordig zeer comfortabel leef. Nee, het is de mindset die ik met vallen en opstaan ontwikkeld heb, die het meeste bijdraagt aan mijn rijkdom vandaag. Er zijn veel manieren om binnen een korte tijd miljonair te worden, maar niet alle manieren passen in iedere levensstijl of levenswens. En het mooie is, dat hoeft ook niet. Waar je je wel bewust van moet zijn, is dat er een slimme fasering en volgorde in de toepassing zit.

Dit boek is het eerste deel van een drieluik dat ik voornamelijk geschreven heb om de kennis en ervaring die ik in de afgelopen 25 jaar heb opgedaan met ondernemen, beleggen en investeren in vastgoed, te kunnen overdragen naar de volgende generatie. De basisprincipes zijn niet nieuw, maar het is gewoon veel leuker om het in mijn eigen stijl over te kunnen dragen aan mijn kinderen, familie, vrienden en iedereen anders die het waardevol vindt om in eigen tempo passieve inkomsten uit beleggingen en vastgoed te verkrijgen.

Het is een eenvoudig pad. Vooral als je nu al een leuk inkomen of vermogen hebt. Je hoeft echt geen ondernemer te zijn, alleen maar ondernemend. Dat is voldoende. Als je weet wat je aan het doen bent, is rijk worden een eitje en in overvloed leven de normaalste zaak van de wereld. Beleg. Simpel.

Bijlagen

Bijlage 1: De slim aflossen spiekbrief

1. Investeer in jezelf

2. Investeer in bedrijven

3. Los schulden af

4. Investeer in een eigen woning

5. Investeer in beleggingspanden

6. Los schulden beleggingspanden af

7. Los schulden eigen woning af

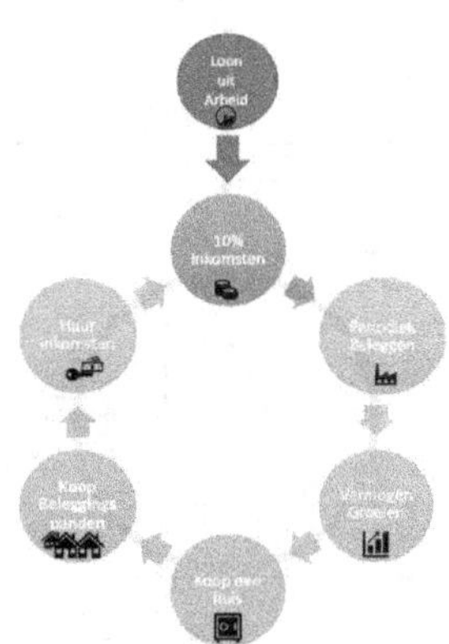

Bijlage 2: Lijst van investeerders met jaarlijks gemiddeld rendement boven 15%

Naam	Bijgewerkt	Investeringsfonds	Portfolio Waarde	Aantal Aandelen
Warren Buffett	05/19/2020	Berkshire Hathaway	205.87 B	48
Chris Hohn	05/21/2020	TCI Fund Management	24.95 B	18
Stephen Mandel	05/19/2020	Lone Pine Capital	20.85 B	38
Carl Icahn	05/19/2020	Icahn Capital Management	20.82 B	19
Michael Larson	05/19/2020	Bill & Melinda Gates Foundation Trust	18.80 B	23
Chuck Akre	05/19/2020	Akre Capital Management	12.35 B	28
William Von Mueffling	05/19/2020	Cantillon Capital Management	11.02 B	36
Seth Klarman	05/19/2020	Baupost Group	8.94 B	34
Bill Ackman	05/19/2020	Pershing Square Capital Management	8.17 B	10
Nelson Peltz	05/19/2020	Trian Fund Management	8.15 B	9
Jeffrey Ubben	05/21/2020	Value Act Capital	7.73 B	23
Donald Yacktman	05/19/2020	Yacktman Focused Fund	7.06 B	56
Daniel Loeb	05/19/2020	Third Point	6.79 B	26
Thomas Russo	05/19/2020	Gardner Russo & Gardner	6.64 B	54
David Tepper	05/19/2020	Appaloosa Management	3.94 B	25
Harry Burn	05/19/2020	Sound Shore	3.38 B	37
Howard Marks	05/19/2020	Oaktree Capital Management	3.36 B	66
David Abrams	05/19/2020	Abrams Capital Management	2.87 B	21
Tweedy Browne Co.	05/19/2020	Tweedy Browne Value	2.46 B	46
Wallace Weitz	05/19/2020	Weitz Value	2.18 B	63
Glenn Greenberg	05/19/2020	Brave Warrior Advisors	2.06 B	23
Prem Watsa	05/19/2020	Fairfax Financial Holdings	1.58 B	56
David Einhorn	05/19/2020	Greenlight Capital	969.15 M	23
Leon Cooperman	05/19/2020	Omega Advisors	959.85 M	43
Allan Mecham	05/19/2020	Arlington Value Capital	859.28 M	16
Kahn Brothers Advisors	05/19/2020	Kahn Brothers Group	681.17 M	38
David Rolfe	05/19/2020	Wedgewood Partners	659.34 M	40
Pat Dorsey	05/21/2020	Dorsey Asset Management	595.54 M	8
Bruce Berkowitz	05/19/2020	Fairholme Capital	574.51 M	7
Alex Roepers	05/19/2020	Atlantic Investment Management	223.27 M	18
Ronald Muhlenkamp	02/20/2020	Muhlenkamp	181.58 M	33
Guy Spier	05/19/2020	Aquamarine Capital	163.42 M	11
Leucadia Nat. Corp.	05/19/2020	Leucadia National	139.53 M	14
Eddie Lampert	05/19/2020	RBS Partners	135.46 M	3
Francis Chou	05/22/2020	Chou Associates	115.23 M	19
Michael Burry	05/19/2020	Scion Asset Management	109.82 M	9
Charlie Munger	05/19/2020	Daily Journal Corp.	109.56 M	4
Mohnish Pabrai	05/19/2020	Dalal Streets LLC	95.98 M	2

Bijlage 3 Cijfervoorbeeld strategie vastgoed en aandelen

Cijfervoorbeeld om met slechts €100 per maand in 30 jaar op te schalen naar het equivalent van €1.000.000 vermogen. Uitgangspunten is dat je de ETF-machine hanteert om een gemiddeld jaarlijks rendement te behalen van 10% en tenminste 7% rendement behaalt uit huurinkomsten (uitgangspunt Belastingdienst) met een inflatie van 2% per jaar. Er is geen rekening gehouden met exploitatie- en beheerkosten.

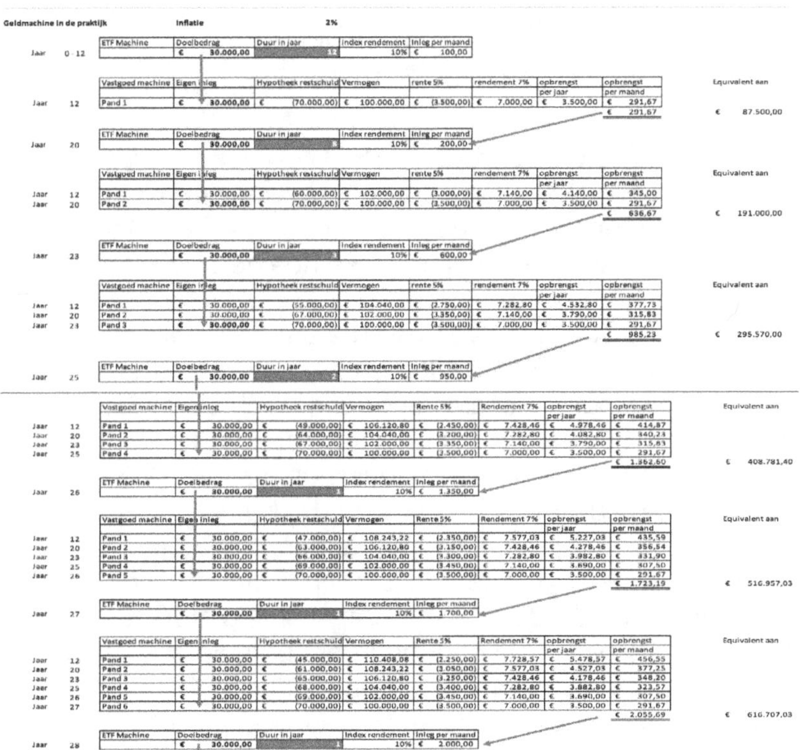

Geldmachine in de praktijk — Inflatie 2%

ETF Machine

Jaar	Doelbedrag	Duur in jaar	Index rendement	Inleg per maand
0-12	€ 30.000,00	[illegible]	10%	€ 100,00

Vastgoed machine

Jaar		Eigen inleg	Hypotheek restschuld	Vermogen	rente 5%	rendement 7%	opbrengst per jaar	opbrengst per maand
12	Pand 1	€ 30.000,00	€ (70.000,00)	€ 100.000,00	€ (3.500,00)	€ 7.000,00	€ 3.500,00	€ 291,67
								€ 291,67

Equivalent aan € 87.500,00

ETF Machine

Jaar	Doelbedrag	Duur in jaar	Index rendement	Inleg per maand
20	€ 30.000,00	[illegible]	10%	€ 200,00

Vastgoed machine

Jaar		Eigen inleg	Hypotheek restschuld	Vermogen	rente 5%	rendement 7%	opbrengst per jaar	opbrengst per maand
12	Pand 1	€ 30.000,00	€ (60.000,00)	€ 102.000,00	€ (3.000,00)	€ 7.140,00	€ 4.140,00	€ 345,00
20	Pand 2	€ 30.000,00	€ (70.000,00)	€ 100.000,00	€ (3.500,00)	€ 7.000,00	€ 3.500,00	€ 291,67
								€ 636,67

Equivalent aan € 191.000,00

ETF Machine

Jaar	Doelbedrag	Duur in jaar	Index rendement	Inleg per maand
23	€ 30.000,00	[illegible]	10%	€ 600,00

Vastgoed machine

Jaar		Eigen inleg	Hypotheek restschuld	Vermogen	rente 5%	rendement 7%	opbrengst per jaar	opbrengst per maand
12	Pand 1	€ 30.000,00	€ (55.000,00)	€ 104.040,00	€ (2.750,00)	€ 7.282,80	€ 4.532,80	€ 377,73
20	Pand 2	€ 30.000,00	€ (67.000,00)	€ 102.000,00	€ (3.350,00)	€ 7.140,00	€ 3.790,00	€ 315,83
23	Pand 3	€ 30.000,00	€ (70.000,00)	€ 100.000,00	€ (3.500,00)	€ 7.000,00	€ 3.500,00	€ 291,67
								€ 985,23

Equivalent aan € 295.570,00

ETF Machine

Jaar	Doelbedrag	Duur in jaar	Index rendement	Inleg per maand
25	€ 30.000,00	[illegible]	10%	€ 950,00

Vastgoed machine

Jaar		Eigen inleg	Hypotheek restschuld	Vermogen	Rente 5%	Rendement 7%	opbrengst per jaar	opbrengst per maand
12	Pand 1	€ 30.000,00	€ (49.000,00)	€ 106.120,80	€ (2.450,00)	€ 7.428,46	€ 4.978,46	€ 414,87
20	Pand 2	€ 30.000,00	€ (64.000,00)	€ 104.040,00	€ (3.200,00)	€ 7.282,80	€ 4.082,80	€ 340,23
23	Pand 3	€ 30.000,00	€ (67.000,00)	€ 102.000,00	€ (3.350,00)	€ 7.140,00	€ 3.790,00	€ 315,83
25	Pand 4	€ 30.000,00	€ (70.000,00)	€ 100.000,00	€ (3.500,00)	€ 7.000,00	€ 3.500,00	€ 291,67
								€ 1.862,60

Equivalent aan € 408.781,40

ETF Machine

Jaar	Doelbedrag	Duur in jaar	Index rendement	Inleg per maand
26	€ 30.000,00	[illegible]	10%	€ 1.350,00

Vastgoed machine

Jaar		Eigen inleg	Hypotheek restschuld	Vermogen	Rente 5%	Rendement 7%	opbrengst per jaar	opbrengst per maand
12	Pand 1	€ 30.000,00	€ (47.000,00)	€ 108.243,22	€ (2.350,00)	€ 7.577,03	€ 5.227,03	€ 435,59
20	Pand 2	€ 30.000,00	€ (63.000,00)	€ 106.120,80	€ (3.150,00)	€ 7.428,46	€ 4.278,46	€ 356,54
23	Pand 3	€ 30.000,00	€ (66.000,00)	€ 104.040,00	€ (3.300,00)	€ 7.282,80	€ 3.982,80	€ 331,90
25	Pand 4	€ 30.000,00	€ (69.000,00)	€ 102.000,00	€ (3.450,00)	€ 7.140,00	€ 3.690,00	€ 307,50
26	Pand 5	€ 30.000,00	€ (70.000,00)	€ 100.000,00	€ (3.500,00)	€ 7.000,00	€ 3.500,00	€ 291,67
								€ 1.723,19

Equivalent aan € 516.957,03

ETF Machine

Jaar	Doelbedrag	Duur in jaar	Index rendement	Inleg per maand
27	€ 30.000,00	[illegible]	10%	€ 1.700,00

Vastgoed machine

Jaar		Eigen inleg	Hypotheek restschuld	Vermogen	Rente 5%	Rendement 7%	opbrengst per jaar	opbrengst per maand
12	Pand 1	€ 30.000,00	€ (45.000,00)	€ 110.408,08	€ (2.250,00)	€ 7.728,57	€ 5.478,57	€ 456,55
20	Pand 2	€ 30.000,00	€ (61.000,00)	€ 108.243,22	€ (3.050,00)	€ 7.577,03	€ 4.527,03	€ 377,25
23	Pand 3	€ 30.000,00	€ (65.000,00)	€ 106.120,80	€ (3.250,00)	€ 7.428,46	€ 4.178,46	€ 348,20
25	Pand 4	€ 30.000,00	€ (68.000,00)	€ 104.040,00	€ (3.400,00)	€ 7.282,80	€ 3.882,80	€ 323,57
26	Pand 5	€ 30.000,00	€ (69.000,00)	€ 102.000,00	€ (3.450,00)	€ 7.140,00	€ 3.690,00	€ 307,50
27	Pand 6	€ 30.000,00	€ (70.000,00)	€ 100.000,00	€ (3.500,00)	€ 7.000,00	€ 3.500,00	€ 291,67
								€ 2.055,69

Equivalent aan € 616.707,03

ETF Machine

Jaar	Doelbedrag	Duur in jaar	Index rendement	Inleg per maand
28	€ 30.000,00	[illegible]	10%	€ 2.000,00

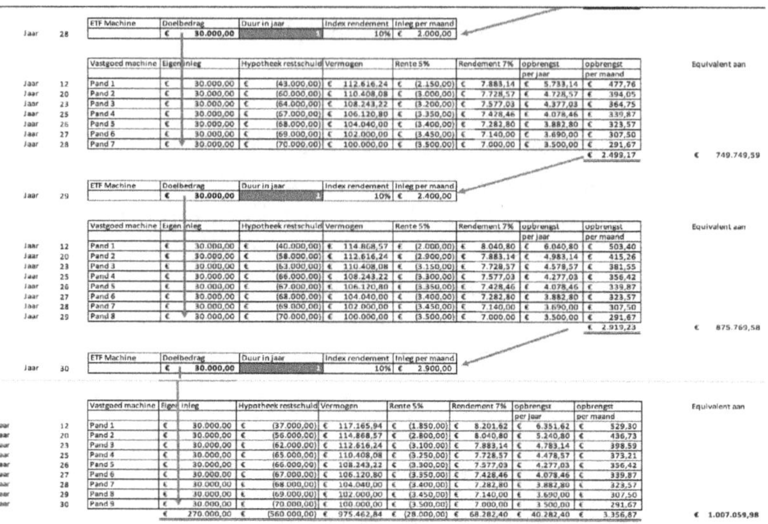

Jaar 28

ETF Machine	Doelbedrag	Duur in jaar	Index rendement	Inleg per maand
	€ 30.000,00	1	10%	€ 2.000,00

	Vastgoed machine	Eigen inleg	Hypotheek restschuld	Vermogen	Rente 5%	Rendement 7%	opbrengst per jaar	opbrengst per maand		Equivalent aan
Jaar 12	Pand 1	€ 30.000,00	€ (43.000,00)	€ 112.616,24	€ (2.150,00)	€ 7.883,14	€ 5.733,14	€ 477,76		
Jaar 20	Pand 2	€ 30.000,00	€ (60.000,00)	€ 110.408,08	€ (3.000,00)	€ 7.728,57	€ 4.728,57	€ 394,05		
Jaar 23	Pand 3	€ 30.000,00	€ (64.000,00)	€ 108.243,22	€ (3.200,00)	€ 7.577,03	€ 4.377,03	€ 364,75		
Jaar 25	Pand 4	€ 30.000,00	€ (67.000,00)	€ 106.120,80	€ (3.350,00)	€ 7.428,46	€ 4.078,46	€ 339,87		
Jaar 26	Pand 5	€ 30.000,00	€ (68.000,00)	€ 104.040,00	€ (3.400,00)	€ 7.282,80	€ 3.882,80	€ 323,57		
Jaar 27	Pand 6	€ 30.000,00	€ (69.000,00)	€ 102.000,00	€ (3.450,00)	€ 7.140,00	€ 3.690,00	€ 307,50		
Jaar 28	Pand 7	€ 30.000,00	€ (70.000,00)	€ 100.000,00	€ (3.500,00)	€ 7.000,00	€ 3.500,00	€ 291,67		
								€ 2.499,17		€ 749.749,59

Jaar 29

ETF Machine	Doelbedrag	Duur in jaar	Index rendement	Inleg per maand
	€ 30.000,00	1	10%	€ 2.400,00

	Vastgoed machine	Eigen inleg	Hypotheek restschuld	Vermogen	Rente 5%	Rendement 7%	opbrengst per jaar	opbrengst per maand		Equivalent aan
Jaar 12	Pand 1	€ 30.000,00	€ (40.000,00)	€ 114.868,57	€ (2.000,00)	€ 8.040,80	€ 6.040,80	€ 503,40		
Jaar 20	Pand 2	€ 30.000,00	€ (58.000,00)	€ 112.616,24	€ (2.900,00)	€ 7.883,14	€ 4.983,14	€ 415,26		
Jaar 23	Pand 3	€ 30.000,00	€ (63.000,00)	€ 110.408,08	€ (3.150,00)	€ 7.728,57	€ 4.578,57	€ 381,55		
Jaar 25	Pand 4	€ 30.000,00	€ (66.000,00)	€ 108.243,22	€ (3.300,00)	€ 7.577,03	€ 4.277,03	€ 356,42		
Jaar 26	Pand 5	€ 30.000,00	€ (67.000,00)	€ 106.120,80	€ (3.350,00)	€ 7.428,46	€ 4.078,46	€ 339,87		
Jaar 27	Pand 6	€ 30.000,00	€ (68.000,00)	€ 104.040,00	€ (3.400,00)	€ 7.282,80	€ 3.882,80	€ 323,57		
Jaar 28	Pand 7	€ 30.000,00	€ (69.000,00)	€ 102.000,00	€ (3.450,00)	€ 7.140,00	€ 3.690,00	€ 307,50		
Jaar 29	Pand 8	€ 30.000,00	€ (70.000,00)	€ 100.000,00	€ (3.500,00)	€ 7.000,00	€ 3.500,00	€ 291,67		
								€ 2.919,23		€ 875.769,58

Jaar 30

ETF Machine	Doelbedrag	Duur in jaar	Index rendement	Inleg per maand
	€ 30.000,00	1	10%	€ 2.900,00

	Vastgoed machine	Eigen inleg	Hypotheek restschuld	Vermogen	Rente 5%	Rendement 7%	opbrengst per jaar	opbrengst per maand		Equivalent aan
Jaar 12	Pand 1	€ 30.000,00	€ (37.000,00)	€ 117.165,94	€ (1.850,00)	€ 8.201,62	€ 6.351,62	€ 529,30		
Jaar 20	Pand 2	€ 30.000,00	€ (56.000,00)	€ 114.868,57	€ (2.800,00)	€ 8.040,80	€ 5.240,80	€ 436,73		
Jaar 23	Pand 3	€ 30.000,00	€ (62.000,00)	€ 112.616,24	€ (3.100,00)	€ 7.883,14	€ 4.783,14	€ 398,59		
Jaar 25	Pand 4	€ 30.000,00	€ (65.000,00)	€ 110.408,08	€ (3.250,00)	€ 7.728,57	€ 4.478,57	€ 373,21		
Jaar 26	Pand 5	€ 30.000,00	€ (66.000,00)	€ 108.243,22	€ (3.300,00)	€ 7.577,03	€ 4.277,03	€ 356,42		
Jaar 27	Pand 6	€ 30.000,00	€ (67.000,00)	€ 106.120,80	€ (3.350,00)	€ 7.428,46	€ 4.078,46	€ 339,87		
Jaar 28	Pand 7	€ 30.000,00	€ (68.000,00)	€ 104.040,00	€ (3.400,00)	€ 7.282,80	€ 3.882,80	€ 323,57		
Jaar 29	Pand 8	€ 30.000,00	€ (69.000,00)	€ 102.000,00	€ (3.450,00)	€ 7.140,00	€ 3.690,00	€ 307,50		
Jaar 30	Pand 9	€ 30.000,00	€ (70.000,00)	€ 100.000,00	€ (3.500,00)	€ 7.000,00	€ 3.500,00	€ 291,67		
		€ 270.000,00	€ (560.000,00)	€ 975.462,84	€ (28.000,00)	€ 68.282,40	€ 40.282,40	€ 3.356,87		€ 1.007.059,98

Feitelijk herhaal je de SLIM AFLOSSEN Cyclus stap 2 t/m 5 (investeren in bedrijven, krediet aflossen, woningen kopen, schuld aflossen en weer investeren in bedrijven, etc..) totdat je netto maandinkomen je persoonlijke doelgetal heeft bereikt.

In 30 jaar tijd bezit je in dit voorbeeld 9 panden met een vermogenswaarde van €975.462 en een restschuld van €560.000 waardoor je fiscale vermogen slechts €415.462 is in plaats van €1.000.000. Je ontvangt maandelijks €3.356 aan huurinkomsten en dit is het equivalent van €1.007.059 aan 4% dividend uitkerende aandelen. Bij het telkens volledig herbeleggen van de huurinkomsten gedurende 30 jaar is de feitelijke eigen inbreng alleen de €100 per maand in de eerste 12 jaren geweest, zijnde €14.400. Alle vervolgjaren zijn belegd met inkomsten die door huurders betaald zijn. Het opbouwen van vermogen naar €1.000.000 met €100 per maand in alleen aandelen met een rendement van 10% duurt ongeveer 45 jaar. Doordat je met vastgoed profiteert van een

extra stuk rendement op de stenen verkort je de duur van
vermogensopbouw effectief met 15 jaar.

Dit cijfervoorbeeld gaat uit van het kunnen kopen van panden
tegen €100.000 met een eigen inbreng van €30.000 (LTV
70%), het minimaal realiseren van 7% per jaar huurinkomsten
en het volledig herbeleggen van inkomsten. Er is geen
rekening gehouden met exploitatie- en beheerkosten. In de
praktijk kunnen de aankoopprijzen, het rendement van
verhuurd vastgoed, rente van financieringen en LTV vereisten
verschillen van de uitwerking in dit voorbeeld. Waardoor
doelstellingen in langere of kortere periodes behaald kunnen
worden.